L'edition original des œuvres
de cretin est de 1526. il faut l'avoir;
d'ailleurs nous ne savons sur sa
personne guerres d'autres choses
que ce qui est contenu dans la
lettre cy apres le titre, ce qu'il y
a de sur c'est ~~qu'il étoit~~ de paris et que
son vrai nom étoit dubois. il fut
d'abord tresorier de la ste chapelle
de vincennes, puis chantre de celle de
paris. il mourut vers 1525. il prenoit
le titre de grand croniqueur du roy
parce qu'il avoit mis en vers la
cronique de France, mais cette
belle piece n'est pas imprimée.
marot parroit faire quelque cas
de cretin, et rabelais s'en moque
beaucoup, c'est lui a tresraison. L'édition
originale de 1526. publiée par
francois charbonnier, dans le temps
qu'il n'étoit encor que duc de Valois
~~de~~ contient les mêmes pieces que celles
~~...~~ elles sont toutes plattes et peu interessan[tes]

LES POESIES

DE

GUILLAUME CRETIN.

A PARIS,

De l'Imprimerie d'ANTOINE-URBAIN COUSTELIER,
Imprimeur-Libraire de S. A. R. Monseigneur
le Duc d'Orleans.

M. DCC. XXIII.

AVEC PRIVILEGE DU ROY.

LETTRE

A MONSIEUR

L'ABBE' MARION

PRIEUR DE ROUVRE, Chanoine de Cambray.

MONSIEUR,

La suite de nos Poëtes François du moyen âge avance de jour en jour; *la Farce de Pathelin*, les Oeuvres de *François Villon*, celles de *Jehan Marot* viennent de paroître: voicy celles de *Guillaume Cretin*, ou pour parler plus exactement, *Guillaume du Bois*, *Cretin* est un nom de guerre; notre Auteur s'en explique luy-même dans sa Lettre à Frere *Jehan Martin*:

Le G. du Bois, aliàs *dit Cretin*, &c.

Et *François Charbonnier* dans ſon Epître à la Reine de Navarre, qui eſt imprimée au-devant des Oeuvres de Cretin, donne l'explication du mot *Cretin*, qui eſt en effet ancien dans notre langue, & qui ſignifie *un petit panier*, comme *M. Menage* l'a remarqué dans ſon *Dictionaire Etymologique*.

Ce Poëte a vêcu ſous Charles VIII. Loüis XII. & François I. Il y a grande apparence qu'il eſt mort vers 1525. puiſque *Geoffroy Tory* dans ſon Livre intitulé *le Champ fleury*, imprimé en 1526. en parle en ces termes : *Monſeigneur Cretin n'agueres Chroniqueur du Roy*, &c. *Guillaume Cretin* étoit en même temps Chantre de la Ste Chapelle de Paris & Treſorier de celle de Vincennes, ſans parler de ſa qualité de Chroniqueur du Roy. Les Poëtes ſes contemporains luy ont donné de grands éloges; *Jehan Molinet* en parle avec honneur, *Cretin ſacré & benedictioné de celeſte main, aorné de precieuſes Gemmes*, &c. *Jehan le Maire* luy

adreſſe le troiſiéme Livre des Illuſtra-
tions de la Gaule dans les termes
les plus honorables. *Geoffroy Tory* ne
craint point d'avancer que *Cretin* dans
ſes Chroniques de France en vers a
fait honte à Homere & à Virgile.
Clement Marot luy a dedié ſon Re-
cuëil d'Epigrammes, *à Monſieur Cretin ſouverain Poëte François.* Le même
dans la Complainte ſur la mort du General Guillaume Preud'homme.

  Or donq eſprits pleins de bonté naïve,
Souffrez qu'icy avecques vous je vive,
Puiſque veſcu avez au cabinet
De ma memoire; adonques Molinet
Aux vers fleuris, le grave Chaſtelain
Le bien diſant en rythme & proſe, Alain,
Les deux Grebans *au bien reſonnans ſtyle;*
Octavien *à la veine gentile,*
Le bon Cretin *aux vers équivoqué,*
Ton Jean le Maire *entre eux hault collo-*
   qué, &c.
Charles Bordigné dans ſon Epitre de
Maître *Pierre Faifeu* à Meſſieurs les
Angevins :
En decorant nos arbres ſi tres-beaulx,

De haultz dictons & de riches Rondeaulx,
Tant richement sentans leur Rhetorique,
Dont cil Cretin *a eu la Theorique,*
Plus mellifluë entre les bien sçavans,
Que n'ont pas eu tous autres Escripvans.
Qui voudra voir & lire sa Chronicque
Des Rois François sans syllabe erronicque,
Il trouvera de tant riches couleurs,
Qu'on ne sçauroit en dire les valeurs, &c.

Voila, Monsieur, de magnifiques éloges. Rabelais, à la verité, qui avoit le goût plus fin qu'aucun autre de son siecle, ne luy a pas fait tant d'honneur ; on apperçoit en plus d'un endroit qu'il n'approuve pas les jeux de mots, les pointes & les équivoques qui sont répanduës dans les Vers de *Cretin* : c'est luy qu'il introduit sur la scene de son *Pantagruel* sous le nom de vieux *Raminagrobis*, & que *Panurge* consulte sur son mariage. La réponse de *Raminagrobis*,

Prenez-la, ne la prenez pas, &c.

est en effet un Rondeau qui se trouve dans *Cretin.*

C'est à *François Charbonnier* que

nous fommes redevables du volume que nous donnons au Public. Il etoit Secretaire de François I. pour lors Duc de Valois. Il paroît que Cretin l'aimoit tendrement:

Lettre, va veoir que fait & dit en Court
Le cher enfant adopté Charbonnier, &c.

Quant aux *Chroniques de France* en Vers de *G. Cretin*, *la Croix du Maine* affure qu'il en avoit un exemplaire, & vous n'ignorez pas qu'elles fe trouvent en MS. dans plufieurs Bibliotheques. Cette nouvelle édition, Monfieur, eft augmentée de deux Lettres de *Cretin* à *Jehan Molinet* avec une réponfe de ce dernier, tirées de fes *faits & dicts* in folio 1531. *Paris.* Ces pieces ont échapé au premier Editeur de *G. Cretin.* Elles font d'un ftyle fort fingulier, tant pour les Vers que pour la Profe ; car elles font mêlées de l'un & de l'autre.

Jehan *Molinet* Chanoine de Valenciennes, me fait fouvenir que vous êtes à prefent dans une Province où il s'est plus conservé de restes de notre ancienne Langue *Romance*, que dans aucune autre du Royaume. Vous y trouverez sans doute des monumens de notre ancienne Poësie, qui dès le commencement du treiziéme siecle, & peut-être auparavant, étoit fort en vogue dans les Cours des Comtes de Flandres, de Haynaut, d'Artois, de Namur, &c. & sur tout à celle des Ducs de Bourgogne. Je vous conjure tres-instamment de ne pas negliger de ramasser ce que vous jugerez propre à enrichir *le Glossaire de la langue Romance* & *l'Histoire de nos anciens Poëtes*. Vous sçavez que l'on travaille à l'un & à l'autre depuis plusieurs années ; neanmoins ces deux Ouvrages courent risque de demeurer fort éloignez de la perfection qui leur est necessaire, si ceux qui les ont entrepris ne sont pas secondez par des personnes qui possedent nos antiquitez & notre histoire aussi parfaitement que vous. *Je suis*, &c.

A treshaulte, & trefpuiſſante Princeſſe, & Dame la Royne de Navarre,
Ducheſſe de Berry & d'Alençon, Con-
teſſe d'Armignac & du Perche, honneur, joye, ſanté, & longue proſperité.

 ES Philoſophes, *Madame*, di-
ſent eſtre deux natures. *Nature
naturante qui eſt le Plaſmateur,
de qui, & par qui ſont & procedent toutes intelligences, qui a donné & donne à
toutes choſes eſtre. La congnoiſſance de laquelle n'appartient que à ſoy meſmes. Elle
ſeule s'entend, ſe congnoiſt, & ſe compre-
hend, d'elle n'eſt licite s'enquerir ou en vouloir ſçavoir. Pline dit en ſon ſecond,* Effi-
giem Dei formamque quærere, imbe-
cillitatis humanæ, reor. *J'extime, dit-il,
l'imbecillité humaine enquerir l'effigie ou
forme de Dieu, c'eſt à dire que c'eſt, ou
qu'il eſt. L'aultre nature s'appelle naturée,
des effetz, de laquelle l'on ne ſe peult non*

A

esmerveiller. Soubz la loy d'icelle ont vescu
avant l'introduction des loix civiles &
humaines, plusieurs grands & notables
personnages. Sainct Paul escrivant aux Romains disoit : Gentes quæ legem non
habent, naturaliter ea, quæ legis sunt,
faciunt. Les gens qui n'avoient point de loy,
naturellement faisoient ce qui appartenoit
à la loy de nature. Ceste loy est le fonde-
ment des aultres. Ceste loy donne contraincte non seulement aux hommes, mais aux
bestes brutes qui n'ont usance ne congnoissance de raison, comme à chascune mere
nourrir & allimenter ses petitz, les garder, tuir, & deffendre de leurs contraires & adversaires, pendant qu'ilz ne
sont en puissance d'y obvier & résister.
A chascune beste soy mesler & engendrer
avecques son semblable, nature seule les
provoque, induict & contrainct à ce. Nature doncques donne grande contrainćte,
mais plus encores nourriture, jouxte le
commun proverbe, nourriture passe nature. Et ce nous demonstre l'experience.

Ne voit l'on les bestes de leur nature, sil-
vestres & sauvages, se rendre par nourriture privées & domestiques? aulcunes
indomptables par leur nature, se rendre
doulces & traictables par nourriture,
aultres aussi qui ne pourroient endurer
estre bastuës & chastiées, que par ceulx
qui leur administrent leur vivre. Et si
nourriture est de tel effect & vigueur
aux bestes brutes, sauvaiges & non domestiques, que de les apprivoiser, tirer à
doulceur, discipline & amour, que doit
elle faire aux hommes qui du createur ont
plus que les brutes receu, sens, entendement, memoire, & raison. Certainement
je croy & tiens que plus que assez doivent
estre notez d'oubly & reprins d'ingratitude, qui ne portent amour à ceulx avec
lesquelz ilz ont eu conversation, & prins
nourriture. Je treuve que du temps de
Pepin Empereur, & Roy de France, il y
eut deux jeunes enfans Amilius, & Ami-
cus, l'ung filz du Conte d'Aulvergne, &
l'aultre d'ung Chevalier nommé Berichan,

A ij

lesquelz envoyez à Rome pour estre bap-
tisez, se rencontrerent à Lucques ville d'Y-
talie, & allans ensemble, & quelque
temps nourriz l'ung avec l'aultre, se en-
treaymerent tant, & de sorte que l'ung ne
vouloit boire, manger ou dormir sans l'aultre. Dit l'histoire plus avant que à Rome
moururent tous deux en ung jour du temps
de Charlemaigne, & le soir mys en sepulture en divers lieux, se trouverent lendemain matin en ung cercueil ensemble à
la grande Eglise. Je croy que le createur
ne permist ceulx qui avoient esté conjoinctz
en leur vie, fussent separez aprés leur
mort. Acathes & Æneas, ainsi que dict
Virgile, se sont tant entraymez pour ce
que avoient esté nourriz en leur jeunesse
ensemble, que l'ung ne pouvoit estre jamais
sans l'aultre. Je taiz Orestes & Pylades,
desquelz faict mention Cicero en son traicté de amicitia, Et en ses offices, de Damon & Pithyas disciples de Pithagoras. Je
pourrois aussi mettre en avant Theseus &
Pirithous, que Plutharque recite, Nisus &

Eurial que allegue Virgile, au ix. Caſtor
& Polux, de quoy parle Servius & Virgile auſſi au ſixieſme. Tous les deſſuſdictz
ont contracté vraye, & parfaicte amytié,
non amytié feincte comme celle de court,
combien qu'ilz converſent & ſont nourriz enſemble, mais celle de qui parle ledict Cicero. Eſt autem amicitia nihil
aliud, quam divinarum humanarum-
que rerum cum benevolentia & cha-
ritate, ſumma conſenſio. Amytié n'eſt
aultre choſe ſi non treſgrande connexion,
union, & concordance es choſes tant di-
vines que humaines, avecques benevolen-
ce & charité. Et n'y a choſes en ce monde,
ſe dit, à mettre devant. Ego vos horta-
ri tantum poſſum ut amicitiam omni-
bus rebus humanis anteponatis. Je vous
puis tant ſeulement admoneſter que vous
mettez amytié avant toutes choſes humaines. Tant d'aultres hiſtoires ſe pourroient
amener ſur ce propos, que je tais, à cauſe
de briefveté, & de paour de vous ennuyer. Et me tiendray à tant avoir mon-

A iij

stré que nourriture contraint nature ; par
ce que dit est. Et passe, aussi en tant qu'elle engendre plus d'amour, qui est charité.
Laquelle, comme dict sainct Paul, passe
toutes les aultres vertus. Major autem
horum est charitas. La plus grande des
vertus est charité; car sans elle sont les aultres exteinctes, comme le deduict ledict
sainct Docteur. De celle vertus, Madame,
a vostre Majesté Royale esté garnye dés vostre jeune aage, & depuis continuellement
accompagnée. Car tousjours a esté la voye,
adresse, & sentier des desvoyez, oncques
ne fust degoustée de les porter & favori-
ser, mains tenduës pour recevoir grans &
petitz, paovres ou riches. Elle n'atent que
l'on s'aproche, ains par doulceur & benignité de visaiges les appelle & accourt
au devant, comme le bon pere de l'enfant
prodigue. Qui faict, Madame, qu'elle a
gaigné le cueur & amour d'ung chascun,
non de ceulx tant seulement qui en ont
eu l'experience, mais encores de ceulx qui
n'en ont riens apperceu. Diray-je plus de

ceulx qui ne vous virent oncques? Vertus
est de telle efficace, ainsi que bien le dict
ledict Cicero. Ea est virtutis vis & il-
lecebra, ut vel eum quem numquam
viderimus, in quo tamen ipsam inesse
audiamus, amare & quodammodo ve-
nerari cogamur. La vertus a telle force
& effect, qu'elle nous contrainct d'aymer
ceulx dont jamais n'avons eu congnoissance, en oyant reciter qu'ilz sont ou ont esté
pleins de vertus. Les choses susdictes par
moy considerées, Madame, & mesmement que j'ay eu & prins conversation
& nourriture avec feu Maistre Guillaume Cretin, en son vivant chantre & chanoine du palais royal à Paris, contrainct
par la force vehemente de la susdicte vraye
amytié & charité, me suis mys à recueillir aulcuns petitz escriptz, pour aprés sa
mort le faire revivre & demourer en memoire, comme à mon jugement bien le
merite, attendu sa bonté, honesteté, &
sçavoir, & confiant de vostredicte clemence, & doulceur, crainte gettée à l'es-

A iiij

cart ,me fuis auancé, & prins la hardieffe
vous en faire ung prefent. C'eft ung petit
Cretin, *Madame,* plein de bons, & notables dictz, fentences fructueufes & gra-
ves. C'eft ung Cretin, non de jong, d'ou-
fier, ou de feftu, mais d'argent, plein de
motz dorez. Votre Majefté qui fçait &
entend l'art de Rhetorique , & poëfie
rithmique pourra affeoir, & mettre
feur jugement, s'il s'eft trouvé efcrivain
plus facond ne fecond, ftile plus doulx,
plus coulant, plus riche rithme, ne de
moindre contraincte, qui bien a fçeu
fe diverfifier felon les matieres, temps,
lieu, & à qui. C'eft ung de ceulx de qui parle Beroalde, Omnium horarum homo,
Homme à toutes heures. Car ainfi qu'il eft
requis à une heure ce que à l'aultre ne fait
befoing, ainfi que bien amplement le touche le fage en fon Ecclefiafte, Tempus
ridendi, tempus flendi, *il y a temps &*
heure de rire, temps & heure de pleurer;
auffi il eft conduict en toutes fes efcri-
tures, foit matieres de contemplation,

devotion, joye, riz, lugubre & de lamentation, selon le temps, saison, ou & à qui. Et n'y a mordant ou detracteur qui y sçeut adjouster ou diminuer, ainsi qu'il pourra apparoir à vostre Majesté Royale, laquelle plaise au createur garder de tous ennuyz & inconveniens. Donner en ce monde, aprés avoir vescu les ans Nesthoriens, belle & noble lignée, regnant, aprés que serez au Royaume éternel, & bien infiny. C'est ce que vous desire vostre tréf-humbles, & trés-obeisfant & ancien serviteur, * François Charbonnier.

* Cretin a adressé une Epistre en vers à ce François Charbonnier, secretaire de Monseigneur le Duc de Valois.

CHANT ROYAL.

QUANT le serpent congneut que
l'homme en vie,
A Deité, par eternel edit,
Debvoit à temps estre unie, eut envye
Que fult nature humaine en tel credit;
Pour l'empescher mist au vergier terrestre
Une poison, dont convint porter, reste
Subgecte à orde & vile infection :
Car noz parentz surprins d'affection,
Feirent d'ung mors leur lignée à mort serfve;
Mieulx eust valu prendre à refection
La belle, pure, & tressaine conserve.

Nature humaine ainsi mal fut servye
Par ce dragon, affin qu'il la rendist
Vers Deité par horreur asservye
Et revoquast son decret ja predit ;
Ceste poison, comme descript atteste;
Causa mouvoir universelle peste,
Qui dure encore, dont la confection
Maint homme occist par putrefaction,
Et plus fera, se foy & loy n'observe,
Recongnoissant en sa perfection
La belle, pure, & tressaine conserve.

Le medecin de science assouvye,

Sur tous expert, la clameur entendit
Des peres saintz, dolent que ainsi desvye
Le genre humain de remede esconduyt ;
Desir piteux, qui à rigueur conteste,
Si fort l'esmeut à doulceur, qu'il proteste
Donner à l'homme ample perception,
D'ung *recipe*, prins en l'exception,
Que sur nature & ses reigles reserve.
Pour composer à gré d'acception
La belle, pure, & tressaine conserve.

Ce souverain medecin qui convye
Zele fervent, hors mis tout contredict ;
Une substance ordonna mieulx pluvye,
Que restaurant ou cordial condit ;
Et quant luy pleust appaiser ce moleste,
Il envoya doulce manne celeste
De sucre exquis, pour faire mixtion,
Avec la rose, en composition
D'œuvre parfaict, qui de vice preserve ;
Et lors reçeut tiltre d'exemption
La belle, pure, & tressaine conserve.

Ayons pensée au Ciel souvent ravye,
Sans plus doubter l'infect serpent mauldict,
Le jeu perdra contre nous s'il l'envye,
Conserve avons qui le rend interdict ;
Notez, j'entends par le succre en ce texte
L'ame à Marie, en la rose modeste
Son digne corps, ou n'eust oncq' fraction
D'espine aiguë. Or se par action
De sa vertu toutes choses conserve,
Dirons nous pas qu'est sans corruption
La belle, pure, & tressaine conserve.

ENVOY.

Prince mandez faire procession,
Graces rendant de la susception
Preservatifve, & publiez qu'on serve

Celle approuvée en sa conception
La belle , pure, & tressaine conserve.

BALADE.

 DAM trop friant de la dent
Mordit , par sa temerité
Au lieu où estoit resident
Le fruict, dont fut desherité ;
Justice usant d'austerité
Le submist à impost rural ,
Et ne tint sa posterité
Franche , du tribut general.

De ce cas vint lourd accident
Sur les humains , mais charité
Parla au premier president
Des comptes , tresfort irrité ,
Et dist , de vostre auctorité
Sire pour acte liberal ,
Tenez Marie en purité
Franche du tribut general.

Lors voyant le bien evident
En venir , & prosperité ,
De l'Orient en Occident ,
Quoy qu'ilz ne l'eussent merité,
Hors l'impost de severité
Contenu en l'original ,
La feit par singularité
Franche du tribut general.

ENVOY.

Prince dictes la verité,
Au sens literal & moral ,
N'est la Vierge en immunité
Franche du tribut general ?

RONDEAU.

Bien compter tant mise que recepte,
Sans bon acquict l'auditeur nul ne ac-
cepte
Au *reliqua* du naturel tribut ; [y beut,
De tous humains l'ung comme l'aultre
Une sans plus entre toutes excepte.
C'est mot trenché, sans force ne forsette,
Il n'en allouë en son compte , fors ceste,
Nul aultre aussi sceut onq' frapper au but :
A bien compter.
Bien peult & deubt exempter la doulcette,
Veu que choisit Deité sa boursette ,
Dont print estoffe ou la belle robe eut
D'humanité , puis du sainct laict repeut
De sa mamelle ; elle est doncque sans decepte,
A bien compter.

Mieulx que pis.

CHANT ROYAL.

UNG malfaicteur tumbe en griefve
offenfe,
Crime touchant de leze majefté,
Par contempler raifonnable deffenfe
Du coup mortel doibt eftre molefté,
Et mefmement quant la faulte aggravée,
D'énormité perverfe & deftravée,
Le bien commun tant gafte & déperit,
Que mal futur venant du preterit
Le criminel & les fiens fort reprime,
S'ilz n'ont du fait, qui leur vertu tarit,
Grace planiere, aboliffant tout crime.

Or foit que ung Prince à ceulx donne licence
Dont il fe voit par requefte infefté,
De ample povoir ufer en fon abfence,
Pour leur credit rendre manifefté;
Si croy tousjours cette reigle obfervée,
Que octroy de grace eft à luy refervée;
Dont le grant Roy voiant que à mal fe offrit
Son faulx vaffal, en chartre le fouffrit
Porter l'ennuy qui prifonnier opprime,
Jufques à l'an du jubilé, que ouvrit
Grace planiere, aboliffant tout crime.

Au grant confeil de divine affiftence,
Le Chancelier feant, fut protefté
Que Verité rapporteroit fentence
De ce qu'eftoit par tefmoings attefté;
Mifericorde à l'endroit s'eft trouvée,
Et Charité par grace eft approuvée
Au malfaicteur, fur quoy Juftice efcript
Veu fon procés verbal, au long defcript,
Que faulte en luy & fes enfans fupprime,

Rappel de ban & d'avoir est prescript
Grace planiere abolissant tout crime.
  Raison adjointe à dame Sapience,
Voiant Justice avoir tant contesté
Pour Vérité, demanda audience,
Et plain arrest du litiscon;testé;
Lors Vérité dict grace conservée,
Enterinée & nette préservée
Désque nature angelicque mesprist.
Car feu d'amour bonté divine esprit,
Si qu'œil ne voit, cueur pense, ou bouche exprime
L'affection que en bien escripre emprist
Grace planiere abolissant tout crime.
  De ceste grace est prohibé que on pense
Ratture ou vice y avoir assisté,
Riens fors le feu n'est deu pour récompense
A ceulx qui ont encontre elle insisté;
L'oppinion est faulse & réprouvée
Dire que feust subreptice prouvée,
Car Dieu le Pere au bas du ply souscript;
Registrata, le seel du sainct Esperit
Y fut posé, *visa* le Filz imprime
Et contenta, approuvons tel rescript,
Grace planiere abolissant tout crime.
          ENVOY.
  Prince mandez de bouche & par escript;
Que celluy est pire que ung antechrist,
Qui telle grace en acte aucun deprime,
Car Gabriel disant *ave* l'inscript,
Grace planiere abolissant tout crime.

          Mieulx que pis.

                              CHANT

CHANT ROYAL.

HANT Royal, ou ſçavoir divin
Imprime ung nouveau doctrinal
Sans le noir brouyllon infernal,
Qui brouylle tout de ſon venin ;
Par quoy le grant recteur bening
L'a conferé à ſens humain
Monſtrant que erreur n'y mect la main
Qui s'en diſoit le correcteur,
Car hault povoir compoſiteur
Aſſemble les lettres du livre
Que ſens humain ha, pour bien vivre ;
  Le grant recteur, qui déſolez conſole,
De vérité pacifique regent,
Voyant jadis en la mondaine eſcolle
Le ſens humain de ſalut indigent ;
Préordonna icelluy negligent
Avoir utile & bonne inſtruction,
Pour mettre à fin & à deſtruction
Le mal qu'il ſçait, car pour bien luy apprendre
Sans plus le veoir de ignorance opprimé,
Il luy donna pour ſon ſalut comprendre,
Le doctrinal ſans macule imprimé.
  Sçavoir divin chef d'ung hault capitolle ;
Vint imprimer ce volume excelent ;
Lequel couvrit de cypré, qui ſe extolle
Au haultain mont de Sion redolent ;
Et ſans les mains du brouyllon violent,
En feit la pure & belle impreſſion,
Sans faire tache, & vile oppreſſion,
Au bon papier qu'il feit en forme eſtendre
Par hault povoir, lequel a comprimé
Et aſſemblé les lettres, pour nous rendre
Le doctrinal ſans macule imprimé.

B

Le correcteur qui se nomme erreur folle ;
N'y à veu reigle en faulx enseignement,
Son texte est vray , foy par tout le recole
Sans faulse glose , & erroné comment ;
Parquoy s'ensuyt que humain entendement
N'y peult trouver de vice inflexion ,
Quoy qu'il eust prins association
D'humaine chair , pour en grace humains prendre;
Dont le brouyllon fut du tout réprimé ,
Qui par erreur ne sçeut jamais reprendre
Le doctrinal sans macule imprimé.

    Lors sens humain voyant erreur frivolle
Ainsi confuz , fut joyeux & content
De le veoir cloz, par divine parolle ,
Des sept fermentz que dessus grace estend;
Dont l'Imprimeur qui le sçait & entend ,
Et qui le feit par sa protection
Exempt de vice & de correction,
Luy commanda mettre en feu & en cendre
Le correcteur vaincu & déprimé ,
Lequel pensoit aux héreticques vendre
Le doctrinal sans macule imprimé.

    Comparaison à luy ne se equipole,
Seure tient noble & regime innocent,
Sa quantité passe le haultain pole ,
Construction de vertus y descend,
L'Eglise chante aprés son doulx accent ,
Théologie y veoit exception
De reigle humaine , & pour perception
Avoir de ce , figures faict entendre ,
Qu'il est es Cieulx , & en terre exprimé
Que sens humain à pour tout bien entendre
Le doctrinal sans macule imprimé.

ENVOY

Prince entendez par contemplation ,
Ce Livre exempt de putrefaction,

Tant que ſa force a faiȼt crever & fendre
Le noir brouyllon aux enfers abiſmé;
Dont vous povez en toute honneur déffendre
Le doȼtrinal ſans macule imprimé.

Mieulx que pis.

CHANT ROYAL.

'A N merveilleux que guerre dolou-
reuſe   [champs,
Feiſt deſployer enſeignes ſur les
Rendant aigreur auſtere & rigoureuſe
Baignée en ſang parmy glaives tran-
chans;
Le faulx blaſon de langue ſerpentine,
Cauſe de playe hoſtille & repentine,
Mit Dieu & homme en contrariété ;
Dont l'homme uſant de ſa legiereté ,
Hayne encourut & mortelle rancune ,
Tant que appaiſaſt ceſte malheureté
La carte blanche , ou n'euſt onq' tache aulcune.
    Humains captifz par triſteſſe ennuyeuſe
Fort opprimez , & en chartre couchantz
Contrainȼtz ſouffrir honte ignominieuſe,
De pleurs & plainȼtz feirent piteux deſchantz ,
Juſques au jour qu'en chaſſant la rapine
De guerre faulſe & fiere Proſerpine ,
Au grant Conſeil divin fut décreté,
Que le moyen de paix tant regretté,
Mis en avant à journée opportune,
Se produiroit , pour faire ung bon traiȼté
La carte blanche , ou n'euſt onq' tache aulcune.
    Dame Pitié fort prompte & curieuſe
Nombrer ans , moys , jours , & temps approchans ,

B ij

De plenitude en voix armonieuse,
Feit résonner au monde ses doulx chantz;
Lors descendit rosée matutine
Sur nuptiale & parante courtine,
Ou parchemin de pur lustre & clarté
Fut si tresbien ordonné & traicté,
Que de souylleure on n'y trouva point une;
Ainsi se feit à plain mot arresté
La carte blanche, ou n'eust onq' tache aulcune.
    De l'origine à ceste carte heureuse
Sont les heraulx publians & preschans,
Que a obtenu palme victorieuse
Sur ennemys laches, vains, & meschantz;
Trop fort erra leur cautelle vulpine,
Dire que fut poincte de l'orde espine
Originelle, en toute netteté
Fut preservée, & telle honnesteté,
Que à tous endroitz sans que vice y repugne,
Demonstre en tout n'avoir varieté
La carte blanche, ou n'eust onq' tache aulcune.
    Or pour emplir la carte precieuse
D'escriptz dorez le bien commun touschans,
Et que à rençon courtoise & gracieuse
Feussent mis bons & fideles marchans;
Le Tout Puissant des l'heure prédestine
Que en lettre Grecque, Hébrayque, & Latine,
Sur ung perron pour la jouste apresté,
Seroit pendu le tiltre interprété
Pris precieux du sang, non de pecune,
Et d'ung *fiat* employé à seureté
La carte blanche, ou n'eust oncq' tache aulcune.

ENVOY.

    Prince du Puy, Marie a contracté
Le bien de paix, ne soit riens détracté
Sur son honneur, mais chascun & chascune
Tienne qu'elle est, & tousjours a esté

La carte blanche ou n'euſt oncq' tache aulcune,

Mieulx que pis.

CHANT ROYAL.

SUR le deffault de Eve noſtre grant
mere,
Les Peres ſaintz tenuz captifz en
chartre,
Congneurent reigle en la divine chartre
Eſcripte avant principes de grammaire.
Aprés fonder univerſelle eſtude,
Le principal regent & directeur
Des facultez, ayant ſolicitude
Acte exercer de ſouverain recteur,
A ordonné au Convent & Chapelle
De ce beau mont du Carme que on appelle,
Hommes ſçavans fondez en charité,
Pour exaulcer d'entiére vérité
Certaine reigle aux eſcolles trouvée,
Eſcripte ainſi qu'elle a bien mérité
Reigle infallible en tous cas approuvée.
En préſervant l'excelſe magnitude
De Theologie, ou maint devôt Docteur
Secretz divins traicte ſoubz l'habitude
De ce premier eſcripvant & aucteur,
La Faculté commect à ce que expelle
Erreur au loing, & diſciples compelle
De leurs eſcriptz gecter auſterité,
Et que ung lyſant allegue auctorité,
Joincte & unie à raiſon bien prouvée,
En expoſant par ſingularité
Reigle infallible en tous cas approuvée.
La reigle en droit tient bonne certitude

Sur le procés du prévaricateur,
Ou droit divin oblige à servitude,
Pour ce qu'il fut du fruict usurpateur,
Se droit civil le voyant si rebelle,
Le repudie en forme de libelle,
Et droit canon pour sa témérité,
Le rend de vie & biens deshérité ;
Si n'est du tout sa grace réprouvée,
Car pour luy faict & sa postérité
Reigle infallible en tous cas approuvée.

   A ceste reigle afferment valitude
Vrays medecins, le maling séducteur
Nul signe y vit d'origine égritude,
Dont le premier parent fut producteur,
Reigle commune au tribut de gabelle,
Ne l'aservit, car saine & toute belle,
Sans tache avoir de vile obscurité,
Faicte & formée en pure intégrité
Par main d'ouvrier, faict à temps reservée
Pour estre veuë en nette purité,
Reigle infallible en tous cas approuvée.

   Par elle entendz Marie en plenitude
De toute grace au gré du Créateur,
D'elle contemple & sa béatitude
Maint Philosophe eloquant orateur,
Disant que c'est la simple columbelle,
Qui le dragon Plutonique debelle ;
C'est ceste reigle ou la divinité,
L'impression forma d'humanité,
Celle en concept de vice préservée,
Celle que esleut la saincte Trinité,
Reigle infallible en tous cas approuvée.

ENVOY.

Prince tous artz tiennent comme unité
D'oppinion reigle en communité
Povoir faillir, mais ceste cy gravée

En table d'or, est par éternité
Reigle infallible en tous cas approuuée.
Le chant Royal du sainct Pere admonneste,
Mondains estatz de requerir ce jour,
En son Palays & triumphant sejour,
Le secours tel que l'espere ame honneste.

Mieulx que pis.

CHANT ROYAL.

ES trois estatz l'ordre Ecclesiasticque
Tient lieu premier en degré plus
    par faict;
Noblesse aussi chef du corps politique,
Doibt vertus suyvre en dit comme
    par faict,
Labeur aux champs soubz eulx son œuvre faict,
Mais las tous trois font augmentations
De durs regretz sur lamentations,
Pour ce que aprés famine & pestilence,
Guerre destruict leurs habitations,
Et les soubzmect aux dominations
Des Turcz maulditz & gens plains d'insolence.
    Erreur pourtant abusifve practique,
Pretend l'estat d'Eglise veoir deffaict,
Et qu'il soit vray, par semence héréticque
Dit ses pilliers avoir petit effect;
Se Rhodes eust d'heure ouvert son buffet
Pour y fournir force munitions,
Mieulx en allast, mais ses pernitions,
Ne m'ont permis que vérité cele en ce,
Certes je voy claires monitions,
Que on recepvra griefves punitions,
Des Turcz maulditz, & gens plains d'insolence.
    Noblesse prent maintien si fantastique,
B iiij

Que ſon parler ſemble eſtre contrefaiçt ;
Excés luy eſt familier domeſticque ,
Et fier oultrage entretient , comme affeçt ;
Veu le rapport exceſſif que on m'a faiçt ,
Nobles , vilains , font perſécutions
A leurs ſubgeçtz , par éxécutions
De opprobre , injure , & forte violence ;
Conſiderans les perſécutions ,
Debvons doubter ſouffrir concutions ,
Des Turcz maulditz , & gens plains d'inſolence.
　　　Quant à labeur le payſant ruſtique ,
Comme autres eſt ſouvent par vice infeçt ,
Tousjours retient en arriere boutique ,
Aigre murmur pour bien loger meſfaiçt ,
A tard ſe dit content de nul bien faiçt ,
Et ja ſoit or' que aſſez inventions
On ait trouvé pour ſes oppreſſions ,
S'il ha bon fruiçt & des biens opulence ;
Tant eſt ingrat & prompt à motions ,
Que ſourdre faiçt grandes commotions
Des Turcz maulditz , & gens plains d'inſolence.
　　　Par tenir voye indirecte & oblique ,
Chaſcun d'iceulx trois eſtatz ſe forfaiçt ;
Reméde quel ? au grant tréſor publicque
Vienne s'il veut de grace eſtre refaiçt ;
Le Rédempteur à pour vous ſatisfaiçt ,
Povres pécheurs , ſignes & paçtions ;
Pour vous pardons & abolitions
Sont en ce ſainçt ſacré lieu d'excellence ;
Meçtez y tous voz occupations ,
Pour réſiſter aux diſſipations
Des Turcz maulditz , & gens plains d'inſolence.
ENVOY.
　　O mere Egliſe en vos proceſſions ;
Guidez nobleſſe & interceſſions ,
Avec labeur & ſoubz humble ſilence

D'eſcu de foy prenez poſſeſſions,
Contre flayaulx, verges, & durs cyons,
Des Turcz maulditz, & gens plains d'inſolence.

BALADE.

PUIS que laboureurs on ſemond
Semer grains & planter fleurs,
Pour cueillir doulx fruictz en ce mont,
Comblé d'excellentes valeurs;
Suyvant autres ouvriers meilleurs,
Au mont digne de acception,
Doibs offrir louenges pluſieurs,
En ſa ſaincte Conception.

Certains eſcriptz annoncé m'ont,
Nos peres aprés grans malheurs,
Par ce mont, avoir eu de amont,
Chantz d'armonie au lieu de pleurs;
Quoy plus? ſur les loix de douleurs
Jadis eut ample exception,
Dont triumphe au Ciel, & ailleurs,
En ſa ſaincte Conception.

Les montz de Savoye & Pymont
Ont trop froidures & challeurs,
Fort vent haultz montz oppreſſe monlt,
Si qu'en perdent vifves couleurs;
Onc Borreas ne ſes ſouffleurs,
N'eurent ſur ce mont action,
Auſſi n'ont que veoir mal parleurs,
En ſa ſaincte Conception.

ENVOY.

Salut Prince & à vous Seigneurs,
Au virginal mont de Sion
Adjugez tous tributz d'honneurs,
En ſa ſaincte Conception.

Mieulx que pis.

RONDEAU.

N ce sainct mont exempt de maladie,
Le puy d'honneur résonne melodie,
L'ung dict respons, l'autre chante
 versetz,   [cetz,
Les haultes voix sonnent & bas faul-
Ainsi chascun doulcement psalmodie.

Là n'est permis par nul chant que on mesdie,
Ne tragedie on face ou comedie,
Cry lamentable oncques n'y eut accés
 En ce sainct mont.

Tout languissant qui sa santé mendie,
Si aujourd'huy va devers Normandie,
Porte oraisons, requestes & placetz,
Guery sera tant ait maulx par excés,
La medecine au peril remédie
 En ce sainct mont.

Mieulx que pis.

CHANT ROYAL.

E maistre ouvrier en vraye agricul-
 ture,
Planta jadis au terrestre verger
Arbres plusieurs, de fruict & floriture
Belles à veoir, & doulces à manger ;
Dont ordonna une fructueuse ente,
De ses clozier & cloziere estre exempte,
Du fruict cueillir ; mais le serpent hydeux ;
Si fort souffla, qu'en mangerent tous deux,
Soubz sainct blason de parolle fardée ;
Pour ce fut veuë à l'occasion d'eulx,

L'arbre de vie en tout temps bien gardée.
 Larbre touchée avoit telle nature,
Que la science aprenoit de léger
Du bien & mal, & par coup d'aventure,
Faisoit la vie au mangeant abreger ;
Mais se l'homme eust en pensée innocente,
Gardé justice originelle absente,
Au mesme instant que en désir convoiteux
Gouta le fruit déffendu, fort piteux
N'eust sa fortune en tel poinct hazardée ;
Car il avoit pour repas non doubteux,
L'arbre de vie en tout temps bien gardée.
 Moult différente est l'arbre en nourriture,
A celle ayant goust de mortel danger,
Elle préserve ung corps de pourriture,
Et vivifie en tout sans riens changer ;
Elle a vertu si grande & excellente,
Que ne l'actaing froidure violente,
Gresil, frymas, gresle, vent despiteux,
Divers oraige estrange & hazardeux,
N'ont la beauté de son tainct blasfardée ;
Mais fut & est pour humains souffreteux,
L'arbre de vie en tout temps bien gardée.
 Le Cherubin du verger ayant cure,
Garde tousjours celle arbre endommager,
Glayve trenchant & ardente closture,
Font de ce lieu tous perilz estranger.
Or entendons, Eve est l'arbre dolente ;
Marie aussi celle trés redolente ;
L'une a porté germe déffectueux,
Et l'autre si tresdigne & vertueux,
Que par luy fut paix au monde accordée ;
Donc bien se nomme, à tiltre sumptueux,
L'arbre de vie en tout temps bien gardée.
 Le Créateur voulant sa créature
Du fyer dragon Plutonique venger,

L'arbre **a gardée** entiere ſans fracture ;
Et mal n'y ſçeut loy commune éxiger,
Corruption d'originelle ſente
Onc n'encourut, & fault que d'elle on ſente
Racyne, tyge & branches vers les cieulx ;
Eſtre exaltez, ſans ce que aer vicieux
Ayt la vertu de ſa fleur retardée ;
Veu que a produit fruict ſur tous précieux
L'arbre de vie en tout temps bien gardée.

ENVOY.

Prince du Puy ne ſoyons ſoucieux,
Fors d'humble bouche & cueur dévocieux ;
Tenir la Vierge en concept regardée,
Eſtre en deſpit des faulx ſédicieux,
L'arbre de vie en tout temps bien gardée.

Mieulx que pis.

CHANT ROYAL.

ADIS ung Roy regnant ſur tout le
    monde,
    Pour ſon palays haultement atourner
    Le coffre ouvrit, ou grant tréſor ha-
    bonde,
Sans nul ſecret en vouloir deſtourner ;
Adonc premier que les ſiécles aorner,
Faire entreprint tapiſſerie utille,
De haulte lyſſe excellente & ſubtille,
En une piece ; & combien qu'il euſt maintz
Patrons exquis, il forma de ſes mains,
Et ſans patron la piéce à gré receuë,
Priſée au Ciel, & tenuë entre humains ;
Seule ſans ſi divinement tiſſuë.

    Le Roy du quel tout bien vient & redonde ;
Voulant ſa piéce à plain effect mener,

L'ourdir & tixtre entiere, pure, & munde,
Pour perspective à poinct y ordonner;
Sa saincte Grace establist gouverner,
Ce bel & grand chief d'œuvre inconsutille,
Donc soubz sa main oultre naturel stille,
Se y employer sachant nature moyns,
Que souffisante au cas, & neantmoins
Elle qui n'est en ses œuvres deçeuë,
La sçeut tresbien approuver par tesmoings,
Seule sans si divinement tissuë.

    Lors Dame Grace œil ouvert cler comme unde,
Sur le mestier mis sus, alla songner
La piéce ourdir, sans besoing qu'elle esmonde,
Or, saye, ou laine avant y besongner,
Car de tout temps avoit sçeu espargner,
Estoffe à poinct hors le danger hostille,
De vile beste & vermine inutille,
Si n'entend faire histoires des Romains,
Des Grecz, Troyens, de François, ou Germains;
Mais œuvre tel ou soit la piéce sçeuë,
Veuillent ou non mesdisans inhumains,
Seule sans si divinement tissuë.

    Et sur ce poinct à ce qu'elle responde,
Si le Roy veult son œuvre éxaminer,
Que entiérement soit faicte & corresponde,
Selon que avoit voulu déterminer,
Pour la tixture à ordre terminer,
Au beau milieu de la piéce gentille
Mist charité, & au tour pour bastille,
Belles vertus en attours non mondains,
Ains de couleurs celestes au vif attains,
Humilité sur toutes apperceuë,
En lettres d'or monstrantz les motz certains,
Seule sans si divinement tissuë.

    Or est la piéce assouvie & profonde,
Perfection au possible de ouvrer,

Là en l'inftant verbe éternel fe fonde
Eftre incarné & place y recouvrer ;
Grace peult bien telle piéce livrer,
Ou terre fainéte & vigne tres fertille,
Portant le fruiét que pain & vin diftille ;
C'eft cefte là dont les Prophetes fainétz ;
Secretz divins tirerent de leurs feins ;
C'eft cefte là, pofé que foit yffuë,
Du pere Adam que extimer tous cueurs fains,
Seule fans fi divinement tiffuë.

ENVOY.

Prince mandez par voz poftes foudains,
A tous ouvriers tant prochains que loingtains ;
Tenir Marie en purité conceuë,
Et la nommer fur chefz d'œuvres haultains,
Seule fans fi divinement tiffuë.

Mieulx que pis.

CHANT ROYAL.

'EXTREME dueil de noire couver-
ture,
Jadis humains contriftez, fift renger,
Hors efperer le moyen que ouverture
D'heureufe paix fçeut la guerre eftran-
ger;
Aprés l'excés du terreftre verger,
Ou appetit de gloire ambicieufe,
Ofa toucher l'arbre délicieufe,
Pour eflargir le fupernaturel
Don de pitié, livrant doulces propines,
Amour promift mettre au val temporel,
La fleur de lys, préfervée entre efpines.
Loing différa la promeffe future,

Ains que le bien publicque foulaiger,
Hayneux de paix, par griefve forfaicture,
De oppreffions le feirent affliger,
Quoy plus? erreur préfumant corriger
Texte approuvé grain de pernicieufe
Opinion trop fuperfticieufe
Emprint femer, lors d'exploict actuel
Manifefta fes cautelles vulpines,
Cuyda picquer par oultrage cruel
La fleur de lys, prefervée entre efpines.

    Se nous faifons du fainct efcript lecture,
Les lys des champs congnoiftrons de legier
Sans labourer, faire fil, ne tixture
Plus que aultres fleurs en croiffance eriger;
A quel propos caufe tant exiger
Invention caulte & fedicieufe?
Exaction de umbre contentieufe
Dont le murmur volle jufques au Ciel,
Buffons enflez, trop ufez de rapines,
Veu que eftre doibt par don celeftiel
La fleur de lys prefervée entre efpines.

    En tige & fleur, non par agriculture,
Verdure, odeur, & couleur fans changer
Porte le lys, & peult de fa nature
Des corps afflictz les douleurs alleger;
De cefte fleur entends pour abreger,
La fleur des fleurs, fur toutes fpecieufes,
Pour fes fervans à toujours foucieufe
Grace implorer vers le Roy fupernel,
Qui l'exempta d'efpines Proferpines;
Elle triumphe au royaulme eternel
La fleur de lys prefervée entre efpines.

    Comme eft le lys, felon Saincte Efcripture,
Environné d'efpineufe hebergier;
Auffi Marie eft entre la clofture
Des filles, non afervye au danger,

Ou loy commune les entend obliger ;
Subgectes font à coulpe vicieufe,
Mais elle obtint grace ample & fpacieufe
De fon efpoux & gracieux aignel.
Ceffez d'errer, ô langues ferpentines,
Car tache n'euft de vice originel
La fleur de lys, prefervée entre efpines.

E N V O Y.

Prince du Puy c'eft la fleur precieufe,
La toute belle, honnefte, & gracieufe,
Ou print plaifir le fainct Emanuel ;
Dont oultre mers & marches tranfalpines
Mandez fervir par tribut annuel
La fleur de lys, prefervée entre efpines.

Mieulx que pis.

BALADE.

N O U S lyfons d'ung loyal amant,
Defirant une fille aymer,
Bien acertené qu'en l'aymant,
Le vouldroit aymer fans amer ;
Mais avant que luy entamer
Secretz d'amyables accordz,
Préordonna la proclamer
Toute belle en ame & en corps.
L'amant eft fort bon caymant
Et tant fur terre que en la mer,
A luy tire plus que aymant ;
Quant à humbles cueurs reclamer
A cela ne faict à blafmer,
Car pour appaifer tous difcordz,
De grace fift celle embafmer
Toute belle en ame & en corps.

Que

Que t'en femble peuple Normand
D'aymer jufques au cueur pafmer,
Folz amoureux en maint rommant,
Sont trouvez d'amour enflamer
Leurs Dames pour les diffamer ?
Mais l'amant dont faifons recordz,
La Dame au concept fçeut clamer
Toute belle en ame & en corps.

ENVOY.

Prince faictes l'amant nommer,
En publiant à criz & cors,
Que l'amye entend renommer
Toute belle en ame & en corps.

Mieulx que pis.

RONDEAU.

A Jour préfix fut marie apperceuë
Celle eftre digne, acceptée, & receuë
De préparer à la divinité
Du fien pur fang robe d'humanité,
Par l'œuvre fainct du Paraclit tiffuë,
Grace planiere en tous faictz aperceuë,
Et fi acquift, c'eft chofe en appert fceuë,
Nom virginal & de maternité
    A jour préfix.
   Folle herefie eft donc fort deceuë,
Dire que foit, comme d'Adam, yffuë
Prinfe au peché de la communité ;
C'eft trop erré ; car fe virginité
Pure garda, pure a efté conceuë
    A jour préfix.

Mieulx que pis.

C

CHANT ROYAL.

E chant Royal rend le tribut d'hon-
neur
Au souverain Seigneur, Prince, &
grant maistre,
Qui par ung don d'excellent pris,
ayme estre
Vers les siens serfz tres liberal d'honneur.
Le Redempteur des humains, par immense
Dilection de singularité,
Exhibe aux siens de sa doulce clemence
Inestimable ardente charité :
Nation n'est, tant soit d'auctorité
De dieux pourveuë en sa loy mecanicque,
D'elle approchans si prés, qu'est comme unicque
Dieu entre nous, qui descendant des cieulx,
Nous eslargit, octroye, & communicque
Son sacré corps tant digne & precieux.

Nos peres grans par forte vehemence
De fier orgueil portant temerité,
Semerent grain d'oultrageuse semence,
Dont fut le hault Plasmateur irrité ;
Eulx & tous ceulx de leur posterité
Tindrent prison en chartre plutonicque,
Jusques à tant que d'humaine tunicque
Print vestement l'espoux tres gracieux,
Quant fut conceu en la vierge pudicque
Son sacré corps tant digne & precieux.

Recongnoissant doulx acte d'eminence,
Aprés rigueur de dure austerité,
Quant Deité meist en prééminence
Humanité, & en prosperité
De tel credit, que l'homme est herité
Du deffensif contre forfaict inique;

C'eſt cauſe donc juſte & canonicque,
Que nous monſtrons devotz & ſoucieux,
En reverant du Verbe Dominicque
Son ſacré corps tant digne & precieux.
 Ayons au ſainct Sacrement reverence,
Gectans erreur de trouble, obſcurité,
La ſeule foy nous ſuffiſe croire en ce
Parfaictement figure en verité;
Soubz pain & vin de nette purité
En chair & ſang eſt l'unyon myſticque
De Dieu,& homme. O ! meſchant heretique,
Dampné, pervers, faulx, & perſticieulx,
Adore & croy du treſſainct Viaticque
Son ſacré corps tant digne & precieux.
 Se l'œil ne voit en la circunference
Du pain ſacré, ſinon retondité
Avec blancheur, le cueur ſans difference
Croire & penſer y doibt l'humanité
De Jeſu-Chriſt, joinct à divinité,
Là eſt, ſelon vray texte evangelicque,
Le pain du Ciel, la viande angelique,
Des viateurs le fruict delicieux,
C'eſt ceſtuy là, nous laiſſant pour relique
Son ſacré corps tant digne & precieux.
ENVOY.
 Soubz le tréſor du coffre apoſtolicque,
Conſole toy peuple melancolicque,
Dieu te promet repos ſolacieux,
Donnant pour gaige à tout bien catolicque,
Son ſacré corps tant digne & precieux.

Mieulx que pis.

Oraison à Notre-Dame de Lorette.

 ONGNOISSENT tous catho-
licques & humains,
De bon vouloir & humble obeissance,
Ce lieu sacré (de Loret) , dont huy maintz
Quierent avoir planiere congnoissance ,
Estre le lieu où jadis pris naissance
En Nazareth , c'est le mesme pourpris
Où premier vie & nourriture pris ,
C'est l'oratoire où je receuz de l'Ange
L'heureux salut & tiltre de louenge ,
C'est celle chambre où seule acquis le nom
De mere & vierge en eternel renom.
   C'est la maison où fut joincte & unie
L'humanité à la divinité ,
C'est celle où fus de grace si munie ,
Que je y conceuz le filz en Deité
Maternité gardant virginité
Mon pere & filz en ceste maisonnette ,
Où ses amys aprés l'Ascension ,
D'accord commun & sans discention ,
Veuz les divins mysteres , décreterent
Temple y bastir , qu'en mon honneur sacrerent.
   Le bon sainct Luc Evangeliste y mit
Ma portraiture , ainsi qu'est demourée
Là par long temps , Dieu mon filz me permit
Des peuples bons estre moult honnorée ,
Mais au plustost que prinse & tollerée
Eurent la loy qui tant de mal commet
Du seducteur & pervers Machommet ,
Par ce cas plain d'infecte villenie ,
Fut le Sainct lieu és partz de Sclavonnie

En ung chaftel, fleuve nommé, posé,
Mais toft en fuft aultrement difposé.
    Pour la rayfon qu'en icelle contrée
A mon Eglife on ne rendit debvoir
D'humble tribut, fi toft que y feit entrée
Auffi foubdain levée en fut de veoir,
Ceulx qui le vray affecteront de veoir,
Trouveront bien que à belle compaignie
D'Anges benoiftz, fur mer en Racanie,
Fut tranfportée en certaine foreft,
Où la Cité Racanente encor eft,
Eftant pour lors à la Dame nommée
Lorette, dont euft ce lieu renommée.
    Depuis, obftant le bel & grant apport
Des pelerins, prenans folicitude
Là de leur corps & bien faire tranfport,
De larrecins fourdit grant multitude ;
A cefte caufe eurent fongneufe eftude
Anges du ciel porter l'Eglife au mont
Appartenant à deux freres, qui monlt
Prindrent difcortz & hayneufe rancunes,
Par le moyen des fort grandes pecunes
D'oblations qu'on y alloit offrir,
Si que ne fçeut leur malice fouffrir.
    Contention faifant les partz finiftres
Ainfi tirer les deux freres germains,
Caufa que adonc angelicques miniftres
Feirent verfer leur bien du plus au moins ;
Lors derechief fut par celeftes mains
Ladicte Eglife, ainfi que au cueur l'avoye,
Mife en ce lieu nommé commune voye :
C'eft où pecheurs fans nulle obmiffion,
Se à eulx ne tient, auront remiffion
De leurs pechez ; c'eft bien chofe averée
Qu'en ce Sainct lieu veult eftre reverée.
    L'an mil cent quatre-vingtz feize en datte,

C iij

Fut par la Vierge à ung sainct homme dit
Et revelé ce que je vous relate ;
Or le tenez pour veritable edict.

Mieulx que pis.

Oraison de la Salutation Angelicque.

*O ! Virgo sine ve, domina virtutum,
Nobis, per hoc ave, iter para tutum.*

RONDEAU *double.*

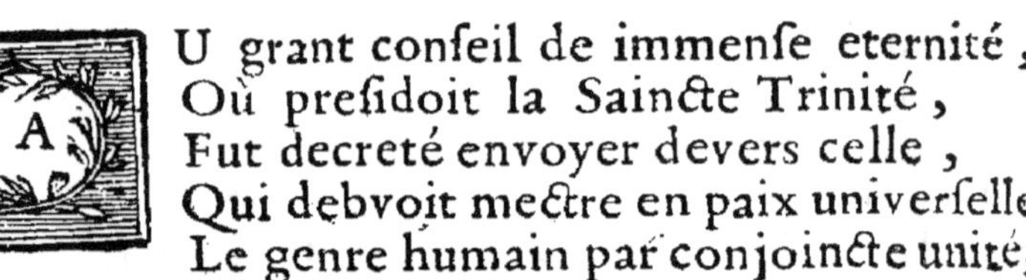

U grant conseil de immense eternité,
Où presidoit la Saincte Trinité,
Fut decreté envoyer devers celle ,
Qui debvoit mectre en paix universelle
Le genre humain par conjoincte unité,
L'ambassadeur de haulte dignité ,
Vient annoncer quelle solennité
On faict & tient de l'humble jouvencelle
    Au grant conseil.
    Disant ainsi ; le filz en Deité
Veult de toy prendre habit d'humanité,
Comme embrasé d'amoureuse estincelle ,
Respond Marie , *Ecce* de Dieu l'ancelle ,
Fiat michi selon ton mot dicté
    Au grant conseil.
    Nature dict pour son indemnité
Que hors usage en ce poinct limité ,
Et s'esbahit comme on le faict sans elle
    Au grant conseil.
    En femme avoir nom de maternité ,
Et retenir pure virginité
En vierge mere , & nourrice en pucelle ,
A peine croit qu'on expedie & celle

Tel mandement sans opportunité
    Au grant conseil.
Foy luy respond ; à dire verité,
Ce faict excede en tout l'auctorité
A toy donnée, ainsi on le te celle
    Au grant conseil.
Croy & retien qu'en la divinité
A tel povoir de pleine infinité,
Que d'impossible en nulle rien chancelle ;
Tout peult, tout sçait, tout prevoit, tout percelle,
Et tout contient par droicte equalité
    Au grant conseil.

Mieulx que pis.

RONDEAU.

E tout mon cueur humblement te
  saluë,
Pour la grandeur de ta haulte valuë,
Royne du Ciel, de la terre, & la mer,
Pardonne moy se j'oze au reclamer,
Ton sainct nom mettre en ma bouche poluē.
  Délaissant vie estrange & dissoluë,
Vueil par pensée honneste & resoluë,
Te bien servir, & loyaulment aymer
    De tout mon cueur.
  Tu fus comme es de Dieu si bien vouluë ;
Que pour sa mere & fille préesleuë
Dame te feit des vertus renommer,
Telle te doy en la terre nommer,
Et telle aussi feras escripte & leuë
    De tout mon cueur.

Mieulx que pis.

Aultre Oraison à ladicte Dame.

AVE.

A VE Vierge Royne des Cieulx
L'ange meſſager gracieux,
Du hault ciel empiré tranſmis,
Par ce ſalut ſolacieux
Te diſt qu'en tes flans precieux
Deſcendroit le Saulveur promis;
Les Prophetes avoyent ja mis
Eſpoir au cueurs de ſes amys,
Diſant que le fait vicieux
Par noſtre pere Adam commis.
Dont eſtoyent à peine ſubmis,
Seroit pardonné & remis
Par le tien fruict delicieux.

MARIA.

Maria doibt on reclamer
Tres clere eſtoille de la mer,
Qui paovres deſvoyez r'avoye,
Tous navigans ſont à blaſmer,
A qui le gouſter ſemble amer
Prendre au port de ſalut la voye:
Dame ton adreſſe pourvoye,
Qu'en ce naufrage ne fourvoye
Par trop amer mondain amer,
J'ay prins plus vent que ne debvoye;
La vague d'orgueil me deſvoye,
Contre le rocq de ire ſe avoye,
Pour ma fraiſle barque entamer.

GRATIA.

Grace y a en toy, Saincte Dame,
Tant que on ne treuve en eſcript de ame
Qni entre humains purs l'ayt telle euë;

Tu as en ta main le sainct basme,
Qui cueurs devotz oingt & embasme,
Et les tient en bonne valuë :
Vierge des Vierges préesteuë,
Se j'oze de bouche poluë
Te dire le grief qui m'entame ;
Ta grace ne me soit tolluë,
Tousjours est de toy bien vouluë
La personne qui te salue,
Sert, & ayme de cueur & de ame.

P L E N A.

Plena sans estre desamplye,
Et de grace qui multiplie,
Gabriel ce mot ne te celle,
L'ambassade fut accomplye
Environ l'heure de complye,
Que te declaras humble ancelle
Du Seigneur Dieu ; Vierge pucelle,
Pleine de tous biens, tu es celle
Qui congnois combien mon sçeu plye,
Comme aulmosniere universelle,
Donne au myen las cueur qui chancelle
Du feu d'amour une estincelle,
Doulce Dame je t'en supplye.

DOMINUS.

Dominus Pere Tout puissant
Ton humilité congnoissant,
Eust de toy telle jalousye,
Quant voulut veoir son filz naissant,
Et sans sa dextre estre laissant
Dont pour fille & mere es choisie
Par la tienne humble courtoisie,
Du Sainct Esperit fus saisye,
Au *fiat* de l'Ange yssant,
La court du Ciel s'en rassasie,
Foy du monde en chasse heresie,

Et enfer plain de punaifie,
S'en treuve à jamais languiffant.

TE CUM.

Te cum, dés ta conception,
Te gardant par exception
De tout peché originel ;
Te cum, en prenant manfion
Par fa digne incarnation
En fon fainct palais virginel ;
Te cum, en ce jour folennel
Qu'enfantas du cloz maternel
Le hault pris de redemption ;
Te cum en triumphe eternel
Eft & fera ton doulx aignel,
Où en fon trofne fupernel
As gloire & domination.

BENEDICTA.

Benedicta fur toutes femmes,
Quoy que aulcunes ayent lotz & fames
De vertueux exaulcement,
Bien monftrez que Juifz infames,
Rempliz d'oprobres & diffames
Errent & mentent faulfement ;
Vierge fuz au commencement,
Et vierge aprés l'enfantement,
O ! riche parement de Dames
Je te fupply tres doulcement,
Que vueilles au trefpaffement
Eftre apuy, port, avancement,
Et refuge des paovres ames.

TU

Tu es la terre non arable,
La fleur du lys incomparable,
Rofe fans efpine & poincture,
Vierge facrée & venerable,
En toy s'eft fait œuvre admirable.

Oultre ufaige de nature,
Et comme Soleil fans fracture,
Par la verriere entre en clofture
Rendant lumiere convenable;
Tout ainfi fans faire ouverture
Deité a pris ouverture
De l'humanité nette & pure
Au parc de ton ventre honorable.

I N

Infiniz biens véoy provenir
De toy vierge, & à l'advenir
Genre humain peult eftre faulvé
S'il entend, car pour foubvenir
Au paffaige où fault convenir
Pour ferme & feur luy a levé,
Ce digne & gracieux *ave*
Pris *'ave* pour *eva* fans *ve*,
Te demonftre ceft advenir,
Que tant foit pecheur enclavé
Par vices, il fera lavé
Se à luy ne tient, & eflevé
A la joye on doibt parvenir.

M U L I E R I B U S.

Mulieribus n'eft donné
Le beau tiltre à toy ordonné,
Dont noftre vie eft reparée;
Le vray Filz de Dieu de toy né,
Nom de mere t'a deftiné,
Virginité non feparée,
O! Vierge & mere comparée
A la terre non labourée,
Qui a moult de fruict amené,
L'efpoux de ta chambre parée
Procedant paix a preparée
Et la guerre defemparée,
Dont peché nous eft pardonné.

Et toy en recordation,
Que l'Ange avoit fait mention
De ta couſinne, prins ſoucy
Vers elle faire ſtation,
Et humble ſalutation
Luy preſentas ; lors diſt ainſi :
Dont me peult proceder cecy,
Que la mere de Dieu vienne icy
Me faire viſitation,
Or es tu benoiſte ſans ſi,
Er le fruiɛt de ton ventre auſſi,
Mon enfant de joye eſt ſulcy
En cette preſentation.

BENEDICTUS.

Benediɛtus en diɛtz & faiɛtz,
Qui furent, ſont, & ſeront faiɛtz,
Eſt ton fruiɛt, & tous le beniſſent,
Benoiſt en chiefz d'œuvres parfaiɛtz,
Et de tres vertueux effeɛtz,
Que vices des humains baniſſent,
Les bieneurez de luy jouyſſent,
Dont à tousjoursmais ſont refeɛtz,
Les Elemens luy obeyſſent,
Penitens en luy s'esjouiſſent,
L'honnorent, ſervent, & cheriſſent,
Querans pardon de leurs meſfaitz.

FRUCTUS.

Fruɛtus venu de la racine
Jeſsé, comme Yſaye aſſigne,
Digne fleur, c'eſt ton enfant deu,
C'eſt le fruiɛt portant medecine,
Qui de ſa volunté conſigne
Le payement du fruiɛt deffendu ;
C'eſt le fruiɛt en l'arbre pendu,
Où fut le ſien ſang eſpandu,

L'Evangeliste ainſi le ſigne ;
C'eſt le fruict en croix eſtendu ;
Cloué, fiché, tiré, tendu,
Où il euſt le coſté fendu ;
Eſt-il d'amour ung plus grant ſigne ?

VENTRIS.

Ventris où la divinité,
Se veſtit de l'humanité,
Fut produict ce fruict méritoire,
Toute la ſaincte Trinité
Par connexion de unité
Y eſleut ſon répoſitoire ;
O precieux reclinatoire,
Et treſſumptueux oratoire
Paré d'humble Virginité,
Te plaiſe au divin conſiſtoire
Alleguer le droict peremptoire
Que avons par toy au petitoire
Du Royaume d'eternité.

TUI.

Tu y peulx tout, car grant port as
Vers celuy que neuf moys portas,
Pour purger noſtre malefice,
En Bethleem le tranſportas,
Non pas querans mondains eſtatz,
Ne palais de grant artifice ;
Mais en bien petit edifice,
Par obſequieux benefice
Adoras celuy qu'enfantas,
Les Anges chanterent l'office ;
Troys Roys offrirent ſacrifice,
Paſtoureaux luy feirent ſervice
Et toy ſa mere l'alaictas.

JESUS.

Jeſus dit Sauveur, comme texte
De la Saincte Eſcripture attexte,

Eſt un nom ſur tous amoureux,
Toute la caterve celeſte,
Turbe infernalle, & val terreſtre
Fleſchiſt ſoubz ce nom vigoureux ;
Tant eſt-il doulx & ſavoureux,
Que ſanté donne aux langoureux ;
Ce nom Jeſus, pour toute reſte,
Rend malings eſperitz paoureux,
Car il eſt trop digne pour eulx ;
De tous leurs effors rigoureux
Nous garde, & de ſoubdaine peſte.

A M E N.

Amen doibt-on de bon cueur dire,
Pour reſiſter & contredire
Au dyable, la chair, & le monde,
Tousjours bien penſer ſans meſdire,
Querir vertuz, vice interdire,
Et fuyr toute coulpe immunde ;
Dame en qui tant de grace habonde,
Jamais tu ne fermas la bonde
Pour tes ſerviteurs eſconduyre,
Te plaiſe, ains que ſur moy redonde
Le fier dard de mort furibunde,
Faire que ma fin correſponde
Au merite ou n'a que redire.

Mieulx que pis.

R O N D E A U fait par ledit Cretin ou nom de la Chapelle du Bois de Vinciennes.

U I S huyt vingtz ans cinq Roys paſ-
ſans ce cours,   [cours,
M'ont delaiſſée au treſpas ſans ſe-
Et ſans avoir par nul moyen tendu,
Que ung ſeul ouvrier ayt à m oy en
O quel honneur a gens de groſſes cours !   [tendu

Leurs clercs ont eu mains plus diverfes que ours,
Faifans deniers à la traverfe courtz
Pour me parfaire ; ainfi j'ay attendu
    Puis huyt vingtz ans.
  Remede quel? Suyvant mon erre cours
Au triumphant Roy François , & recours
Efpere y prendre à bonne heure & temps deu ;
Son franc vouloir magnanime , extendu ,
Rendra croiffant ce qui tumbe en décours
    Puis huyt vingtz ans.

Oraifon à Sainƈte Geneviefve.

I quelquefoys ay renom merité
Du lotz dont peult eftre ung homme
    herité ,
Doulx orateur en profe ou par metre ,
Et fi le temps porte loy de permettre
Que nos vouloirs de prier oraifon ,
Ne debvons nous par devote oraifon ,
Ma plume & moy d'affeƈtion fervente
Monftrer bon zele , & plus ne faire vente
De nos efcriptz curieux & mondains ,
Pour en cela tant complaire au monde , ains
Le Createur fervir de corps & de ame :
C'eft la raifon , benoifte & Sainƈte Dame ,
Pourquoy je fens mon cueur las invité
A delaiffer vaine lafcivité ,
Et te honnorer , aprés Dieu & fa Mere ,
Plus que aultre , veu que de l'angoiffe amere
As delivré mon corps navré & tainƈt ,
De fiebvre aguë à peu pres ja eftainƈt.
O ! Souveraine & feure medecine ,
Tu me donnas du bon remede figne
Par reftaurant diftillé & confiƈt
En eave de pleurs & prieres qu'on feit

Pour moy pecheur ; or voix commune en terre
Eſt que naſquis en ce lieu de Nanterre ,
Si ſuis venu te rendre les mercys ,
Deſquelz pour ung en deuſſe nommer ſix ,
Je te ſupply' en moy diſcontinuë ,
Ce que nommé fut jadis continuë ,
Et encor eſt , car ce qu'on va layſſer
Et y renchoir n'eſt pour convaleſcer.
De tout peril le Roy ſain & ſauf garde ,
Tien ce Royaulme en bonne ſauvegarde ,
Peuples en paix te plaiſe maintenir ,
Et endroit nous ſi bien la main tenir ,
Que aprés la vie ayons fin de mort ſeure ,
Pour eviter infernalle morſure. *Amen.*

Mieulx que pis.

Deploration dudit Cretin ſur le treſpas de feu Okergan Treſorier de Sainct Martin de Tours.

HARGIE, de deuil par deſmeſuré faix ,
Conſiderant les tres dangereux faitz ,
Et grans aſſaulx des deeſſes fatalles ,
Du genre humain ennemyes capitalles ,
Et meſmement de la fiere Atropos ,
Qui frappe , fiert , & ruë à tous propos
Sur Papes , Roys , Empereurs , Ducs & Contes ,
Penſant auſſi qu'elle met en ſes comptes
Tant Clercz que Laycz, tant Nobles que Villains ,
Tant grans Prelatz , que paovres Chapellains.
    Foible , eſtonné , laſche , remis , & las
Pour le recit plain d'immortelz helas
Du cas fatal n'agueres advenu ,
D'angoiſſeulx deuil me veiz circonvenu ,

Poſé

Posé que avant euſſe congneu gens mains
Payant le deu & tribut des humains;
Lors ſur ung lict du dur travail tendu,
Par grant courroux me mys plat eſtendu,
Où je receuz d'ennuy ſi lourde ſomme,
Que fuz contrainct dormir & prendre ſomme.
En ce dormir pour repos j'euz meſaiſe,
L'homme dormant ne ſera jamais ayſe,
Se du travail dont il aura veillé
En ſon dormir ſe treuve travaillé,
Mais neantmoins ſouvent advient nouvelle
Sur jour, que aprés la nuict ſe renouvelle.
Ainſi m'advint, car à ung ſeul moment
Feuz tranſporté devant le monument
Du bon Seigneur que franchement amoye,
Dont à preſent mon cueur pleure & larmoye;
Nommer le fault, mais ſe pourra il faire?
Poſſible n'eſt ſans premier ſatisfaire
Et contenter le debvoir de nature.
Le pas cruel qui vivans deſnature,
L'a prins, ravy, & ſaiſy en ſes lacz;
Il eſt donc mort? c'eſt mon; mais qui? helas!
C'eſt Okergan le vaillant Treſorier
De Sainct Martin, qui euſt grant treſor hier,
Et huy n'a riens, fors le merite ſeul
Que ores emporte avecques un linceul.
En ung vergier peuplé de beau cyprés,
Que Zephirus avoit planté cy prés
Avec ſa ſœur Flora tres favorable,
Eſtoit le corps du Seigneur venerable;
Mais Borreas en faulchant la verdure,
Feiſt tout couvrir de noire couverture.
Les grans ſoupirs & chauldes larmes d'œil,
Se feirent lors par ſi extreme dueil,
Que oncques de Roy, ou de Pape de Romme
N'ouy parler avoir veu tant plaindre homme.

D

Calioppe & toutes les neuf Muses
Sonnerent cors, flutes, & cornemuses
Par chantz piteux à l'entour du cercueil,
  Musique aussi, en luy faisant recueil.
Vint au devant, qui de coste un viel arbre,
Feist entailler son sepulchre de marbre,
Auquel il feust tantost mis & posé;
Quant c'eust esté pour son propre espousé
Plus n'en eust sçeu faire qu'elle faisoit.
  En complaignant aux assistans disoit:
Cueurs adveillez en tristesse confitz,
Approchez vous, venez plorer mon filz,
Plorez celluy qui tant a decoré
Mon bruyt & lotz, que par luy encor ay
Chapeau flory de bonne renommée.
  Plorez celluy qui m'a tousjours aymée
Servy de cueur au doigt & à l'œil, si que
On l'appelloit la perle de musique.
  La Dame adonc regardant ça & la,
Fainct son parler pour le grand deuil qu'elle ha;
Puis en l'instant la compaignie assemble,
Et instrumentz faict accorder ensemble;
  Harpes & lucz, orgues, psalterions,
Musettes, cors, & manicordions,
Flutes, flajolz, cymbales bien sonantes
Parmy les voix d'organnes resonantes.
  Ung *Libera* en doulx chant & piteux
Fut si bien dit, que l'homme despiteux
Tant dur soit il, eust par compassion
Plongé son cueur en dueil & passion;
Tous les presens tendrement souspiroient
Tres fondamment, & ensemble ploroient,
Comme remplyz d'excessive douleur;
Arbres & fleurs en changerent couleur,
Petitz oyseaux en muerent leurs chantz,
Les preaux verdz en devindrent seichans.

Muſique aprés ceſte doulce armonye,
Feit ordonner pour la cerimonie,
Torches, flambeaux, ſumptueux luminaire,
Manteaux de deuil, l'armoirie ordinaire,
Donner pour Dieu, accomplir vœuz, promeſſes,
Chanter pſaultiers, vigiles, & prou meſſes,
Tant en effect ſelon ordre & raiſon,
Qu'il appartient à homme de maiſon.
  Ce faict pria tous les Muſiciens
Qui furent la, meſmes les anciens,
Que ſur le corps, par maniere de laiz,
Feiſſent dictez, rondeaux, & virelaiz
En complaignant ſon filz, & que chaſcun
De piteux ſon luy en donnaſt quelc'un.
  Alors Tubal le bon pere ancien,
Qu'on dict & tient premier Muſicien,
Qui ſur marteaux trouva ſons & accordz,
Ses orgues print, ſe joigneit prés du corps,
Et à voix faincte, avec ſon inſtrument,
Ce preſent dict profera proprement.

R O N D E A U.   Tubal.

C'EST Okergan qu'on doibt plorer
      & plaindre,
    C'eſt luy qui bien ſçeut choiſir & at-
    taindre
    Tous les ſecretz de la ſubtilité
Du nouveau chant par ſa ſubtilité,
Sans ung ſeul poinct de ſes reigles enfraindre,
Trente ſix voix noter, eſcripre, & paindre
En ung motet; eſt ce pas pour complaindre
Celluy trouvant telle novalité ?
      C'eſt Okergan.
  Muſiciens ſe doibvent huy contraindre,
Et en grandz pleurs leurs cueurs baigner & taindre,

En le voyant ainſi mort allité,
Diſantz ; ſon nom par immortalité
A tousjours doibt demourer ſans extaindre ;
    C'eſt Okergan.

L'ACTEUR.

ORS ſe leva David Royal pſalmiſte,
Des Muſes droit ſervant commenſal
   miſte,
Qui promptement a ſa harpe accor-
   dée,
Et ſans avoir ſa leçon recordée,
En ſoy monſtrant ſoubdain & prinſaultier,
Ces motz chanta en tenant ſon pſaultier.

RONDEAU.   David.

N chant de pleur doibt bien pſalmo-
   dier
Tout bon eſprit, & bien eſtudier
A lamenter ce Treſorier notable,
Que mort a huy convoyé à ſa table,
Puis que aultrement n'y peult remedier.
   C'eſt ung edict qui n'eſt faict d'huy ne d'hier,
Quant l'heure vient force eſt expeſier
Le partement qui eſt fort lamentable
    En chant de pleur.
  Dieu le ſçaura trés bien ſtipendier,
Car en ſon temps s'eſt voulu deſdier
A faire chant devot & delectable
Pour eſviter le gouffre eſpoventable,
Dieu ne le veult des cieulx repudier
    En chant de pleur.

L'ACTEUR.

UIS Orpheus en chant armonieux ,
Sans foy monſtrer fort cerimonieux,
De cueur raſſis & honneſte vouloir
Sa harpe print , & pour plus fort
    douloir,
Et le deuil veoir en augmentation ,
Se dictie faict de lamentation.

RONDEAU.   Orpheus.

USICIENS penſez de lamenter ,
Dueil angoiſſeux debvez en l'ame
    enter ,
Et vous monſtrer par triſteſſe remis ,
Quand vous voyez celluy à terre mys
Qui de voſtre art a ſçeu parlamenter.
Voz cueurs debvez en courroux tourmenter ,
Et de regretz voz ennuys augmenter ,
Car huy perdez la fleur de voz amys
    Muſiciens.
De chantz plaiſans ne fault plus guermenter ,
Mais en douleurs vous experimenter ,
Ainſi que gens de tous plaiſirs remis ,
Triſtes , perplex , peſans , & endormis ,
A plaintz & pleurs ſe fault tous preſenter
    Muſiciens.

L'ACTEUR:

CHIRON Centaure és montz de
   Theſſalie,
Laiſſe Achilles, prent ſa harpe & ſa
   lye,
Aux aſſiſtens fort contriſtez du cas,
De voix tremblant reſonnant ung peu cas,
Piteuſement la matiere pourſuyt,
Et en plorant dit le mot qui s'enſuyt.

RONDEAU.   Chiron.

PLORER le fault ce bon chantre
   tant ſaige,
Qui par eſcript a touché maintz paſ-
   ſaiges,
Et ſi tres bien de la gorge a paſſé.
Helas! enfans, or eſt-il treſpaſſé,
Trop importun nous en eſt le meſſaige.
   Tant beau, tant net de corps & de viſaige
Fut en ſon temps, & jamais n'euſt uſaige
De conſentir ung fait mal compaſſé.
     Plorer le fault.
   C'eſt grand meſchef quant ung tel perſonnage
Avant cent ans accompliz perd ſon aagè,
Et qu'on le voit entre les vers tâſſé;
Son eſperit eſt laſſus *in pace*,
Mais quoy! le corps pourrit qui eſt dommaige,
     Plorer le fault.

L'ACTEUR.

DAME Sapho de Pan belle amoureuse,
Contre Atropos austere & rigoreuse
Feit & chanta ung dictie plain d'argus.
Mercure aussi qui endormit Argus
La se trouva sans gueres demourer,
Pour le deffunct de son jeu honnorer.
Pareillement Pan le Dieu d'Arcadie,
Lors s'esforça & mit son estudie
A suader pastours & pastourelles
Abandonner loges, brebis, tourelles,
Pour regretter ce pillier de musique.
Et promptement feit ung dict heroïque,
Que sur le corps luy & ses gens chanterent.
Puis Arion que les daulphins porterent,
Dont evada le peril de la mer,
En son jeu dict que moult faict à blasmer
Quiconques est amy de la science,
Et la ne vient pour veoir la pacience
De musique ore ainsi fort desolée.
La personne est en son dueil consolée,
Quant aucun voit qui compaigner la vueille,
Ung cueur dolent quiert qu'ung aultre se dueille.
Son dict finy, tous instrumentz cesserent,
Et sur ce poinct les chantres commencerent.
Là du Fay le bon homme survint,
Bunoys aussi, & aultres plus de vingt,
Fede, Binchois, Barbingant, & Douftable,
Pasquin, Lannoy, Barizon tres notable,
Copin, Regis, Gilles joye, & Constant.
Maint homme fut auprés d'eulx escoutant,
Car bon faisoit ouyr telle armonye,
Aussi estoit la bende bien fournye.
Lors se chanta la messe de *my my*

'Au travail suis, *& cujus vis toni* ;
La messe aussi exquise & tres parfaicte
De *Requiem* par ledict deffunct faicte ;
Hame en la fin dict avecques son lucz
Ce motet, *ut heremita solus* ;
Que chascunt tint une chose excellente.
　Musique lors la Dame tres dolente,
Non congnoissant qu'eusse du dueil ma part,
Pour ce qu'estions dessoubz ung arbre à part ;
Hastivement me feit venir vers elle ,
Et quant congneut mon couraige & bon zele ,
Me commanda estre prest & pourveu
D'enregistrer tout ce que j'avoye veu.
　Oultre me dict & chargea par exprés ,
De publier & dire loing & prés
Aux chantres tous sa doctrine ensuyvans ;
Que du deffunct tant que seroient vivans ,
En leur façon & composition ,
Feissent tousjours commemoration.
En ce disant par ung cry qu'el ouyt,
Soubdainement du lieu s'esvanouyt ,
Elle & ses gens feirent ung si grand sault ;
Que de frayeur m'esveillay en sursault.
　O dur reveil , piteux à reciter !
Comment pourray sans me necessiter
En ce papier coucher dictz ne escriptz ?
Veu que ne puis cueur ne bouche inciter ,
Langue ne voix esmouvoir, n'exciter
A prononcer fors pleurs , plaintes , & cryz.
　A peine sçay si je liz ou escriptz ,
Plaisir m'est dueil , plus me font pleurs que riz ,
Mon corps se voit à la terre citer ;
Je suis perplex ; en l'affaire qu'ay pris
Besoing me fust que aultre acteur mieulx apris
Vint à present mon sens ressusciter.
　Que n'euz je lors l'eloquence de Tulle ,

Ou de Virgile, ou ceulx qu'on intitullé
Grands orateurs & poëtes laurez ;
Boëce où eſt-il ? qui ne me congratulle ;
Où eſt Properce & Tiburce ou Catulle ,
Pour recueillir tous leurs eſcriptz dorez ;
Affin d'avoir tous les faiƈtz honnorez
Du bon Seigneur, qui tant a decorez
Et embelliz les livres de muſique ,
Et de ſa main nous en ſont demourez
D'ouvraige exquis, ſi tres bien labourez,
Qui ſemble ouyr ung droiƈt chant angelique.
    Hé ! Chaſtelain & Maiſtre Alain Chartier
Où eſtes vous ? Il me fuſt bien meſtier
Avoir de vous quelque bonne leçon ;
Simon , Greban qui feuſtes du meſtier ,
Que n'avez vous laiſsé pour heritier
Ung Meſchinot , ung Milet , ung Neſſon ;
Pour hault louer le melodieux ſon ,
La voix, le chant , & ſubtille façon
De ce vaillant renommé Treſorier ?
Helas ! faut-il qu'ainſi nous le laiſſon ?
La raiſon veult que memoire en façon ,
Mais ad ce ſuis trop inutile ouvrier.
    Sus Molinet, dormez vous , ou reſvez ?
Vos ſens ſont-ilz ſi preſſez ou grevez ,
Que ne povez prendre papier & plume ?
A quoy tient-il que aujourd'huy n'eſtrivez
Contre la mort , & ſoubdain n'eſcripvez
De Okergan quelque petit volume ?
    Ardent deſir ad ce mon cœur allume ;
Mais mon gros ſens dur comme fer d'anclume ;
N'approche en riens le don que vous avez ;
Si toutesfois quelque choſe en reſume ,
Excuſez moy ſi de tant je preſume,
Affeƈtion m'eſmeut , vous le ſçavez.
    Conſiderez qu'avez art & praticque ,

Et veu auſſi que Dame Rethorique
En tous voz faictz vous porte & favoriſe ;
Pluſtoſt de luy deuſſiez faire Cantique ,
Que moy qui ſuis en elegance etique ,
Et en ſçavoir qui la main auctoriſe.

   Si j'ay failly d'avoir la charge priſe ,
Et que à bon droict on me blaſme ou meſpriſe ;
Pour mon eſcript rural & mecanicque ;
Si ne debvez pourtant laſcher l'empriſe
De l'exaulcer , car il vault qu'on le priſe ,
Et bien digne eſt d'eſtre mys en cronicque.

   O ! Sainct Gelays reverend orateur ,
Beſoing ſeroit que feuſſiez or' acteur
De quelque lay pour adoulcir mes plaingz ,
En ce ne vueil vous eſtre adulateur ,
Mais tant vous tiens de vertus zelateur ,
Que aurez pitié de celluy que je plaingz.

   De vos eſcripz les livres ſont tous pleins ,
Voſtre bon bruict volle par champs & plains ,
Chaſcun le ſçait , de ce ne ſuis menteur ;
Helas ! Seigneur , recueillez mes complains ,
Ne tenez pas mon dict aſſez ample , ains
Plaignez la mort de ce vaillant Docteur.

   Docteur le puis nommer en la ſcience ,
Et prens teſmoings tous muſiciens , ſe
Jamais en fut ung aultre plus parfaict ,
Pour en juger en ſaine conſcience ,
Mortz & vivans prendront en pacience
Tous exceda & par dictz & par faict.

   En ſon vivant a maint ouvraige faict
En ſtyle hault , où n'a riens imparfaict ,
Comme on le ſçait par vraye experience ;
C'eſt grant douleur le veoir par mort deffaict ,
Veu qu'il eſtoit perſonnaige d'effaict ,
Comblé d'honneur & de bonne prudence.

   Il a veſcu ſi tres honneſtement ,

Et haultement fon eftat maintenu,
Riens n'a gafté par fol gouvernement,
On voit comment fon œuvre & baftiment
A proprement & bien entretenu ;
Maint paovre nud a veftu, fouftenu,
Nourry, tenu à fa propre defpenfe,
Pour Dieu a faict beaucoup plus qu'on ne penfe.
    Humble aux petiz, aux grandz fe monftroit grant
Honneur querant fans vaine ambition,
Et qu'il foit vray, fon loz m'en eft garant,
Au demourant fon cueur fut labourant,
Vertus querant, par augmentation
D'affection mainte fondation
Fonda fi on en veult eftre recordz ;
Ung bien pour l'ame en vault bien cent au corps.
    Par quarante ans & plus il a fervy
Sans quelque ennuy en fa charge & office ;
De trois Roys a tant l'amour defservy,
Que aux biens le vis appeller au convy,
Mais affouvy eftoit d'ung benefice ;
Quant aux fervice & divin Sacrifice
Sans aulcun vice eut cueur fervent & plain,
A droict nommé le premier chappellain
    Gens du Clergé & College notable,
Chant lamentable en Cueur & en Chapitre
Faire debvez pour ceft homme louable,
Tant amyable humain, doux, & traictable
Affez capable d'obtenir croffe ou mittre,
Oncques tel tiltre il n'emprint faire tiftre,
Mais au pulpitre alloit tout le premier,
De Dieu fervir eftoit bon couftumier.
    Jamais ne fut ingrat de fon fçavoir,
Pour le fçavoir ay largement tefmoings,
De bien chanter a faict fon plain devoir,
De fon avoir a bien voulu pourveoir
Luy vif pour voir a vuidé fes mains,

A ſes germains indigens & humains ,
L'ung plus,l'ung moins tous ſes biens a fait prendre,
C'eſt ung nota que chaſcun doit apprendre.
    A demonſtrer qu'on doibt fort deteſter
La laſcheté des faulx executeurs,
Vous qui vivez prenez de bien teſter,
Et encontre eulx devant Dieu proteſter,
Car ilz ſeront voz grans perſecuteurs
Lors qu'ilz devroyent eſtre ſoliciteurs
De voſtre fait, ilz ſuyvront leur affaire ;
Qui veult donner ſoy meſme le doibt faire.
    Ainſi l'a faict & bien s'en eſt trouvé ,
Comme j'entens & croy certainement ,
Ses bienfaits l'ont de tout peché lavé ,
Et Sainct Martin de perdre l'a ſaulvé ,
Qu'il a requis & ſervy loyaulment ;
De tous ſes layz il a faict le payement
Sans en charger ne parent, ne affin ;
La bonne vie attraict la bonne fin.
    Seigneurs de Tours & peuple regrettez
Celluy qu'on doibt plus plaindre que ne dys ,
En ſon vivant vous a ſi bien traictez,
Soyez devotz, enclins, & appreſtez
A prier Dieu qu'il luy doint paradis ;
Pour ung ſeul bien il vous en payera dix ,
Se luy preſtez, tout vous ſera rendu ;
Oncques bien faict, dict on, ne fut perdu.
    Chantres plorez ce notable Seigneur ,
En viſitant ſes doulx chantz angelicques ;
Il a eſté de vertu enſeigneur,
L'appuy, l'apport, le ſeul pillier d'honneur ,
Et clair myrouer des Eccleſiaſticques,
Le vray guydon de tous bons Catholicques,
Des ſimples gens familier exemplaire,
Plaiſant a tous, à Jeſus puiſt il plaire.
    Agricolla, Verbonnet, Prioris ,

Jofquin Defprez, Gafpar, Brunel, Compere
Ne parlez plus de joyeux chantz ne ris,
Mais compofez ung *Ne recorderis,*
Pour lamenter noftre maiftre & bon pere
Prevoft Ver Juft, tant que Pifcis Profpere
Prenez Frefveau pour vos chantz accorder,
La perte eft grande & digne à recorder.

He Maiftre Everard vous eftes fucceffeur
D'ung excellent Docteur, bien le fçavez,
Je vous requier, quant ferez poffeffeur,
Faictes baftir orgues de grant doulceur,
Il m'eft advis que faire le debvez;
Et tous les jours, fi l'aifement avez,
Quelque motet fonnez qui à Dieu plaife
Pour le deffunct, il en fera plus aife.

Enfans de cueur ne faictes plus leçons
De fleuretiz, mais note contre note
Sur *Requiem* en doulcettes façons,
Puis accordez voz chantz & piteux fons,
Sans ce que aulcun riens y adioufte ne ofte,
Et priez Dieu qu'il reçoyve à fon hofte
Le Treforier dict Okergan, affin
Qu'en Paradis chante à jamais fans fin.

Mieulx que pis.

*S'enfuit la complaincte fur la mort de
feu Guillaume de Biffipat Seigneur d'Ana-
ches, Viconte de Falaife, faicte par ledict
Cretin.*

E jour que Mars defplaioit fes ba-
nieres,   [res,
Feift tirer hors par eftranges manie-
D'abifmes creux fulphurines minie-
res,
Centres profondz, cavernes & taynieres,

Outilz tres ords
Du forgeron Vulcan & ſes conſors ;
Soubdains hazars, & adventureux ſors
Prindrent effect de ſi cruelz reſſors,
Que maintz ſouldars
Suyvans guydons, enſeignes, eſtandars,
Tant ſur courciers, chevaulx legiers, hedars ;
Que pietons ſuccumberent ſoubz dardz
De mortelle umbre ;
Dont le recit par voix obſcure & ſombre
Rend à l'ouye ennuy & lourd encombre,
Veu que de mors y a ſi tres grand nombre.
Ce dur rapport
Met la penſée en fort loingtain tranſport,
Et auroit bien beſoing d'aucun ſupport
Doubtant pluſieurs eſtre paſſez au port
De Phelegeton,
Que Dieu ne vueille, ains des mains de Pluton,
Et Cerberus l'ort infernal luton
Soyent preſervez ; ja pieça ne leut on
En vraye hiſtoire
Occiſion ſi extreme & notoire,
Pour tant de ſang en humain territoire
Eſtre eſpandu ; quoy qu'on ayt la victoire,
C'eſt grand' douleur
Quand gentilz gens de proueſſe & valeur
Perdent la vie, & ont ſi bien du leur,
En ſort de guerre on ne ſçait ou va l'heur ;
Je dy cecy
Pour le courroux, deſplaiſir, & ſoucy
Que ay à preſent du mien amy tranſy
En ce conflict, dont me fault eſtre ainſi
Plain d'amertume,
Et à mon cueur, par piteuſe couſtume,
Faire ung amaſt de dolente apoſtume,
Qui tellement à plaindre m'acouſtume,

53
                Que mes escriptz
Soyent desormais confis en pleurs & criz,
Mes yeulx plongez en larmes, & que ris
N'y ayent plus lieu, mais forcloz & prescriptz
                De tout plaisir,
Des à present se tiennent sans choisir
Le seul regard, en quoy puissent saisir
Aulcun attraict de savoureux desir.
                O mort helas !
Tu as cherché avoir ce corps, & le as,
Mon triste cueur de vivre au monde est las,
Car luy & moy sommes liez és lacz
                D'aspres douleurs :
Nous en getons sanglotz, soupirs, & pleurs,
Et à bon droict : huy perds ung des meilleurs
Amys que j'eusse, acomply és valeurs
                De tel' affaire,
Qu'il n'y estoit le seule poinct au parfaire.
Diray-je qui ? las ! se pourra il faire
De le nommer sans premier satisfaire
                A tel mal aise ?
La larme à l'œil, affin que mon dueil aise
Je prye à tous que le trespas desplaise
De feu gentil Viconte de Falaise.
                Je dis gentil
Et le puis dire ainsi, tel estoit il ;
C'est luy, c'est mon, c'est luy qui d'art subtil
Fort bien s'aydoit de la plume & oustil
                Des orateurs.
Et n'en desplaise aux modernes acteurs,
J'en sçay bien peu dignes d'estre exacteurs
Sur son credit, ses faictz sont directeurs
                Du sien sçavoir.
Par eulx peut on la congnoissance avoir,
Et clairement lire, entendre, & sçavoir
Se je dy vray, on l'a peu pieça veoir.

Plume dorée
Avoit en main digne d'eftre adorée,
De fa façon gaillarde eft demonftrée
Mainte efcripture auffi bien labourée
Que jamais leuffe.
Pleuft or' à Dieu qu'affez bonne je l'euffe,
Et pour fon loz tel œuvre faire deuffe,
Que au mont Olimpe intronifer le fceuffe.
Clerc bien lettré
Et faige eftoit de langaige acouftré,
Si prompt, que quant en propos fuft entré,
Son dire l'euft tres fçavant demonftré.
Bon Grec parloit,
Et beau Latin auffi quant il vouloit,
Du maternel fon efperit tant valloit,
Que ung tout feul mot amender n'y falloit.
En chant joyeulx
S'esjouiffoit, & fons armonieux ;
Si voulentiers il chantoit, qu'en tous lieux
De fes ennuyz fe rendoit oublieux.
Fluftes fonna
Gaillardement, dont le fon refonna
Si gorgias, que bonne raifon ha
Dire que Pan au jeu le façonna.
Grand fut & droict,
Proportion ayant par tout endroit ;
Zeufis vivant quant pourtraire vouldroit
Bel homme au vif, je croy qu'il le prendroit.
Si gracieux
Bon & honnefte eftoit, que foubz les cieulx
Homme ne fçay plus que luy foucieux
Hanter les bons, & fouyr vicieux.
Des armes prendre
Ne luy failloit l'art militaire apprendre,
Le veoir armé fembloit bien au comprendre
Homme de cueur pour bonne œuvre entreprendre.
Bruyt

Bruyt & renom
D'immortel loz ne doibt pas perdre nom,
C'eſt ung Guillaume, il en portoit le nom,
Dont mieulx l'aymoye, & eſtoit ſon ſurnom
De Biſſipat.
Qui euſt penſé que mort anticipaſt
Ainſi ſa vie, & ſi toſt diſſipaſt,
On l'euſt gardé qu'il ne ſe mancipaſt.
Faulſe diableſſe
Tu as occis ung fleuron de nobleſſe,
Dont le remors en debile foibleſſe
Rend tous mes ſens, & en bonne foy bleſſe
Tant mon eſprit,
Que à bien peu prés il ſe perd & perit,
Conſiderant en ce cours preterit,
Homme elegant ſi doct & ſi perit,
Beau, jeune, & fort
Eſtre en fleur d'aage actainct par tel effort,
Bien doy or' eſtre en dolent deſconfort,
Et de regret faire piteux renfort.
Helas ! Viconte
Tant je te plaintz, de longtemps ne vy Conte,
Duc, ou Marquis plus digne d'eſtre en compte
D'homme exaulcé, que toy ſans nul meſcompte,
Lice chimere,
Cruelle mort qu'elle douleur amere
Faitz tu porter à ſa dolente mere ?
Dame il n'y a, parente, ne commere
Qui n'acompaigne,
Vous & auſſi la loyalle compaigne,
Le cueur & l'œil de chaſcune ſe baigne
En eave de pleurs, larmes de longue eſpargne
Fault qu'on diſtille,
Et de plorer apprendre nouveau ſtille,
En mauldiſſant le bras & main hoſtylle,
Qui de ſa vie ont rompu la baſtille.
E

Triſtes cueurs pleins
De deſconfort, plaignez ce que je plaingz,
Aigres clameurs gettez par champs & plains,
Si que chaſcun entende noz complainctz.
L'adverſité
Du repentin cas fatal recité,
Me rendit lors en la perplexité,
Ou l'aguillon de dure & fiere touche,
Les cueurs navrez ſi tresfort picque & touche,
Que le plus ſain par triſteſſe en acouche.
Ainſi reſvant,
Sur ce propos ma douleur agravant,
Deliberé prendre doreſnavant
Noyre couleur, & la mettre en avant,
Pour à mon vueil
Manifeſter l'excés de ce grief dueil,
Plaindre de cueur, & fort larmoyer d'œil,
Comme je fuſſe environ le cercueil
Du treſpaſsé,
Et lors que ainſi en quelque temps paſsé
Sentant courroux ſur triſteſſe enlaſsé,
Par double ennuy aygrement compaſsé
Là m'endormy
En regrectant le mien loyal amy,
Mais en l'inſtant d'ung moment & demy,
Ma fantaſie au loing vola parmy
Nimphes & Dieux
En ung mont hault ſur tous terreſtres lieux,
Où celebroient l'obſeque à qui mieulx mieulx
Chantz immortelz de ſons armonieux,
Et doulx accordz
Pour le deffunct dont ores faiz recordz;
Si apperceu tout à l'entour du corps
Là tranſlaté, les Muſes ſans diſcordz
Gectans leurs yeulx
Par fois ſur luy, puis les levoient aux cieulx,

Et d'ung vouloir honneste & gracieux,
Le regardoient comme ung tresor precieux.
            Or en ce mont
Dit Pernasus, ainsi que plusieurs m'ont
Certifié, il y a du bien monlt,
Qui le regard & appetit semond.
            En ce dict lieu
Estoit le Roy Juppiter au meillieu
Seant en trosne, & ainsi que de veu,
Fut là de tous adoré comme Dieu
            Souverain pere.
Auprés de luy estoient en ce repaire
Grace, Vertu, & Fortune prospere,
Victoire, Honneur, Amour qui tout tempere,
            Et Renommée,
Phebus, Diane, Aurora bien amée,
Vesta, Thetis, Cibelle aussi nommée
Mere des Dieux, & Isis tant famée,
            Le grant Athlas,
Mercure, Pan, Orpheus non pas las,
Dame Juno, Venus, aussi Pallas,
Ne fust ce dueil, les veoir m'estoit soulas,
            Puis Eolus,
Chiron Centaure, & le doulx Zephirus,
Avec Flora, Silvanus, Neptunus,
Pere Liber Bacchus, aussi Janus,
            Dieux, demy-Dieux,
Nymphes, Tritons, sortirent de leurs lieux
Pour venir là grans, petitz, jeunes, vieulx,
Deliberez & bien fort envieux,
            De satisfaire
Au hault vouloir de Juppiter, pour faire
L'ouvrage empris, & par amour refaire
Ce que discord avoit ausé deffaire.
            Si fut mandé,
Et par le Roy enjoinct & commandé,

Que se le corps estoit recommandé
D'aucuns des Dieux, par eulx fut demandé
                L'heur de sa queste.
Les Muses lors qui avoyent fait l'enqueste
De son sçavoir & songneuse conqueste,
Vont suppliant par tres humble requeste
                Palme & couronne
De laurier verd pour leur filz & alumne,
Et en blasmant mort diverse & felonne,
Certains dictez sur marbrine coulumne
                Feirent graver
En lettre d'or, affin de mieulx prouver,
Leur intenditz, & raisons approuver.
Si fut contente à l'œuvre se trouver
                Pour la premiere
Dame Clyo ouvriere coustumiere
Gestes & faitz des preux mettre à lumiere
Du temps jadis, & de bonne maniere
                Produict cecy.

CLYO.

VIE immortelle est deuë à cestuy cy,
Cil qui a eu grande cure & soucy
Des bonnes pars la meilleure choysie,
Toute science aymant, qui rassasie
Le corps humain & l'esperit aussi.
     En son renom n'est trouvé le seul si
Par quoy merite avoir ung don icy
Et obtenir selon ma fantaisie
                Vie immortelle.
     Du riche nom de gloire & loz fulsy,
Par sa louenge a tousjours esclarcy
Le bien naissant de subtille poësie.
O ! Juppiter j'ay zele & jalousie
Que lieu de paix tienne & acquiere ainsi
                Vie immortelle.

L'ACTEUR.

PRES ces motz, Euterpe la seconde,
De port, maintien, & honneste faconde
En se acquictant monstra fort bon vi-
saige.
Ceste dist on avoir trouvé l'usaige
Du gentil jeu des flustes accorder.
Si vallut bien en son dict recorder
Comme le bon deffunct honnestement
En ce prenoit joyeulx esbastement,
En recita les motz ainsi bastiz.

EUTERPE.

ONS auditeurs soyez or' ententifz,
Veez cy le corps de l'ung des plus
gentilz
Qui furent onc en ce lieu transportez,
Ses grans Vertuz & beaux faitz rap-
portez
Le doibvront mettre au renc des bien subtilz.
    Au jeu de fleuste eut verbes inventifz
Et si frians passaiges, que appetis
Se y delectoyent, j'en faiz les rapportz telz
        Bons auditeurs.
    Tous se rendoyent en son jeu attentifz,
Et maintenoyent de leurs propres motifz,
Qu'il meritoit veuz ses labeurs portez,
Jouyr des biens & tresors immortelz,
Je m'en rapporte à grans & à petis,
        Bons auditeurs.

L'ACTEUR.

A tierce aprés que on nomme Talia,
Bonne louenge à fondict allia ;
On la maintient fur ce qu'eft alle-
    guante
En comedie eftre fort elegante ;
Du trefpafsé elle fait rapport tel,
Qu'il devoit eftre allegué immortel ;
D'elle & fes fœurs coupplé j'ay les efcriptz,
Et m'eft advis, felon qu'eftoyent defcriptz,
Que fi aprés font les termes patentz.

THALIA.

OUENGE acquife a verdure en
    tous temps,   [tens,
Pour ce le dis que à ce deffunct pre-
Veu la grandeur de fon riche fçavoir,
Monftrer qu'il doibt la jouyffance
    avoir
D'heur immortel, à cela je m'attens.
    Le contenu de ma requefte eftendz
Devant voz yeulx, beaulx Sires Dieux, & tendz
Dire cela que on luy peult bien devoir,
        Louenge acquife.
    A ce moyen des à prefent j'entens,
Que d'ung accord ferez tous bien contens
Le colloquer fans plus ramentevoir,
Au lieu qu'il a bien merité de voir,
Si aura loz à jamais en tout temps
        Louenge acquife.

L'ACTEUR.

ELPOMENE qu'on tient en tra-
gedie
D'accent fort grave, aussi en melodie,
Se mist avant, monstrant l'affection
Dont fort cherit gens de perfection,
En souspirant du deffunct dist avoir,
Angoisseux dueil, comme estoit bon à veoir.
Si supplya la haulte Majesté
Que plus ne fust en terre molesté,
Et prononça la soubzscripte omelie.

MELPOMENE.

E toutes gens doulx son repaist l'ouye,
Et de plaisir la rend fort esjouye,
Tant sont prisez les chantz melodieux;
Parquoy convient que m'entremesle
aux Dieux
Faire priere en doulceur d'armonie.
Souverain Roy de bonté infinie,
Je vous diray le grief mal qui m'enuye,
Se mon parler ne se trouve odieux
De toutes gens.
J'ay cueur navré, & la veuë esblouye
Veoir portraicture ainsi esvanouye
Du corps gisant organisé le mieulx   [lieux,
Que peult homme estre, ouvrez luy les Sainctz
Si en sera digne louenge ouye
De toutes gens.

L'ACTEUR.

ERPSICORE foubdain haban-
donna
Pfalterion & choro, puis donna
Son efcripteau qu'elle mefme declaire,
Et de fa voix clinquante, doulce, &
claire
Va prononçant comme l'efperit recrée
Son inftrument quant il plaift & agrée,
Ainfi que en fut ce bon corps amoureux,
Qu'elle tend mettre au lieu des bieneureux,
Difant ainfi s'il m'en peult fouvenir.

TERPSICORE.

ON d'armonie attraict biens advenir
Tout plain d'honneurs caufe & fait
provenir
A qui pretend fe veoir au fumptueux
Eftat divin, ou les deffectueux
Et ignorans ne doibvent parvenir.
Les auditeurs faict à droict convenir,
Et les delecte au joyeux fouvenir
Que apporte & donne ouvraige fructueux
Son d'armonie.
Ce gentil homme à qui vueil fubvenir,
Jadis print foing pour fçavant devenir,
Fuyant l'erreur des folz prefumptueux,
Dieux, demys Dieux, Heroes vertueux
Dictes quel bien tiendra pour l'advenir
Son d'armonie.

L'ACTEUR.

RATO lors de ferme contenance
Ainſi marcha comme ſi une dance
Voulſiſt branſler par art de geo-
    metrie ,
Dont bien avoit l'uſaige & induſtrie
Fort hault louer gens ſçavans , meſmement
Le corps etant dedans le monument ,
Si n'entend pas qu'en tel eſtat demeure ,
Mais veult qu'il vive & que jamais ne meure ,
Diſant les mots cy deſſoubz imprimez.

ERATO.

ES nobles cueurs gens ſçavans ſont
    amez ,
Priſez , cheriz , eſtimez , & famez
L'exorde eſt de la mienne oraiſon ,
Parquoy je dis que à plus forte raiſon
Doibvent les Dieux vers eulx eſtre enflammez.
    Sotz negligens de ſcience affamez ,
Par laſcheté ſe trouvent diffamez
Et ſont jugiez vivre par deſraiſon
        Des nobles cueurs.
    Entre les corps laurez & palmez ,
De bon renom comblez & embaſmez
Ceſtuy deſert armes , tiltre & blaſon ;
Dieux immortelz puis qu'il eſt de maiſon ,
Penſez de luy , ou vous ſerez blaſmez
        Des nobles cueurs.

L'ACTEUR.

POLYMNIA ne dormit pas à
l'heure,
Mais s'efforça de la sorte meilleure
Que possible est de sçavoir adviser
Pour son dictie sur le champ deviser,
Car elle avoit main & art à ce faire :
Son propos fut, que mort ne peult deffaire
Le loz d'ung homme ainsi bien renommé
Qu'est le deffunct ainsi dessus nommé,
Selon les motz tirez de sa haulte aire.

POLYMNIA.

EN chant royal se acquiert gloire im-
mortelle,   [elle
Acteurs gentilz ne craignez la mort,
N'a plus sur vous tiltre d'exaction,
Doulce armonie a faict transaction
Pour vous tenir en sa franche tutelle.
    Quoy que le mail d'Atropos vous martelle,
Il forge en vain & ne sçait qu'il bastelle,
Car Rhetorique y querelle action
            En chant royal.
    Le present eut en son temps amour telle
A ce sçavoir, que oncques de sa cordelle
Ne s'exempta par nulle paction.
Doulx Dieu prenez de luy compassion,
Mort y a mis discord, accordez le
            En chant royal.

L'ACTEUR.

RANIA pour son ordre garder
Sur piedz se mitt, & print à regarder
Devers les cieulx ; car par ceremonie
En ce fonda toute son armonie
Aprés baissa la veuë a tous costez ;
Puis quant elle eut ses notables cottez,
Vers Juppiter adressa son regard,
Le suppliant avoir aulcun esgard
A ce propos icy determinez.

URANIA.

ONNEURS divins au ciel sont
    ordonnez   [nez ;
Pour tous humains aux lettres adon-
Car Sapience ellieve leurs couraiges
A contempler les celestes ouvraiges ,
En quoy te veoyent haultement guerdonnez.
    Se par vertuz leur sont habandonnez
Les biens haultains , ceux à tel bandon nez
Meriteront s'ilz font bons labouraiges ,
        Honneurs divins.
    Dieu Tout-Puissant qui la dessus tonnez ,
Noz cueurs sont matz , & noz sens estonnez ,
Veoir infecter par corrompuz oraiges
Ce corps transy , exaulcez noz suffrages ,
Dernier salaire attend , or luy donnez
        Honneurs divins.

L'ACTEUR.

ALLIOPE quoy qu'elle soit en ordre
                            [mordre
Derniere mise, il ne fault pourtant
Son hault renom, car de toutes est dicte
Maittrese & mere, or sans nulle redicte,
En desployant sa belle voix sonnante,
Claire, argentine, & fort bien resonnante,
Par tous endroictz feit retentir le son
De magistrale & prudente leçon :
Puis dist ce mot qui bien pleut à plusieurs.

CALLIOPE.

I j'ay credit de proceder, mes seurs,
En chantz & sons d'attrayantes doul-
    ceurs,
J'espere bien faire ung doulx verset
    de hymne
Ce que jeune homme aura loyer condigne
Tel que ont reçeu noz bons predecesseurs.
    Les traictz de mort ont esté aggresseurs
Sur ses longz jours, mais vrays juges & seurs
Diront qu'il est d'immortallité digne,
        Se j'ay credit.
    Si faictz sçavoir à tous ses successeurs,
Que plus ne soient de larmes avanceurs,
Pourtant s'il gist soubz funebre courtine ;
Car sa vertu & grace paladine
Rendront ses sens de vie possesseurs,
        Se j'ay credit.

L'ACTEUR.

EURS ditz finiz , l'interprete Mer-
    cure   [cure
Et meſſager des Dieux , eut ſoing &
De haranguer pour reciter les faictz ,
Les dons de grace , ingenieux effectz ,
Vertus , bontez , gentilleſſes louables ,
Honneſtetez , façons tres agreables ,
Affable port , contenance , maintien ,
Doulceur , honneur , beau parler , entretien ,
Eſcriptz , dictez , geſtes , joyeuſetez ,
Largeſſes , dons , biens , gracieuſetez ,
Sçavoir , avoir , vouloir , intention ,
Humilité , franche condition ,
Bonnairetez , amytié , loyaultez ,
Traictiez joyeux , honneſtes privautez ,
Chantz triumphans , divers ſons d'inſtrumens ,
Chevaulx , harnoys , bardes , acouſtremens
Dont fut garny ce peu de temps paſsé ,
Que au monde eut cours le noble treſpaſsé ,
Et tous les biens qu'on ſçauroit mettre en faict
D'ung gentil homme acomply & parfaict ;
Tout ce qu'on peult de la bouche exprimer ,
Toucher , en livre eſcripre ou imprimer ,
Fut prononcé par le Dieu d'eloquence
Dudict deffunct , & pour la conſequence
Diſt que à bon droict les neuf Muſes avoient
Tenu propos comme faire debvoient ;
Et pour chaſſer fainctes illuſions ,
En adherant à leurs concluſions ,
Prioit là Court ce cas verifier
Pour proceder a le deifier ,
En luy donnant ſelon le lieu merite
Digne loyer que parfaict homme herite.

Si fut conclud sans nulle resistence,
Et decreté par toute l'assistence,
Qu'il meritoit estre canonisé;
Dont commenda le Roy que intronisé
Feust au meillieu des beaulx champs Helisées.
Muses adonc furent tost advisées
De desloger & acoustrer leurs æsses
Pour fendre l'aer, les Dieux avecques elles.
Nymphes, aussi Satyres eurent charge
Porter le corps qui gueres ne les charge.
De grand plaisir toute la compaignie
Print à chanter par si doulce armonie
Hymnes, motetz, cantiques, & louenges,
Que proprement pensoient ouyr les anges,
Tant la doulceur estoit melodieuse.
Lors Juppiter en splendeur radieuse
Choisit son vol, chascun suyvant son erre,
Mais au partir si grand coup de tonnere
Feist esclater, que tout soubdainement
Je m'esveillay, car il fut vehement;
Au resveiller engregent les douleurs,
Triste pensée assembla pour renfort,
Divers regretz, plainctes, soupirs, & pleurs,
Qui derechef abbatirent les fleurs
De mon plaisir par furieux effort.
Combien depuis espoir print confort,
Disant que au vray se pourroit designer
La vision, & repos assigner
Au trespassé, alleguant pour raisons,
Biensfaictz, vertuz, & sainctes Oraisons.
Or est-il mort, las! c'est mon; mais comment?
Il estoit jeune & de si belle taille,
Se on dit qu'il soit laschement mort, on ment;
Il fut occis combatant vaillamment
En aspre, dure, & tresforte bataille,
En tel strepit ou rompt tranche & detaille

Jambes, cuiſſotz, dos, ventres, bras, & teſtes;
Doulx temps viendra aprés telles tempeſtes,
Mais c'eſt ung dueil qui le cueur ronge & mort
Conſiderant ſon amy eſtre mort.
Doibt eſtre mys en non chaloir eſcripre
L'acte dernier de ſes faictz valereux,
Trop ſuis perplex, & affligé d'aigre ire,
Pour le ſçavoir ſuffiſamment deſcripre;
Car certes c'eſt ung cas fort douloureux,
Advint ce jour que francz chevalereux
Eurent à ſang leurs forces diſpoſées,
Pour ennemys combatre à repoſées;
Ce vaillant corps aux coups s'expoſa tant,
Que ung œil luy fut crevé en combatant.
    Aprés ce coup il n'euſt laſche & vain cueur,
Las non, cela redoubleroit mon dueil,
Mais comme preux & hardy belliqueur,
Suyvant bruyt, loz, tiltre & nom de vainqueur,
Hors du conflict il ſe feiſt bander l'œil,
Puis vers les coups tourne de ſon franc vueil,
Et la querant palme victorieuſe,
Clouyt le pas de ſa mort glorieuſe.
Tous nobles cueurs, ce faict doibt demourer
En voz eſcriptz pour le rememorer.
Abbé d'Auton, & Maiſtre Jehan le Maire,
Qui en noſtre art eſtes des plus expers,
Ouvrez l'archet de voſtre riche aumaire,
Et compoſez quelque plaincte ſommaire,
En regretant l'amy que ores je perds;
Prenez pitié des ennuys cy aprés,
Et ſupportez le dueil de voſtre proeſme.
Secourez moy Bigne, & Villebreſme,
Jehan de Paris, Marot, & de la Vigne,
Je ne puis plus à peine eſcripre ligne.
Mere piteuſe, ô ſaige & noble Dame,
Ceſſez voz pleurs, ceſſez de lamenter,

Voz larmes font petit fecours à l'ame ;
Quant eft du corps il gift foubz trifte lame ;
Plus ne s'en fault douloir ne tourmenter ;
Faictes prieres affin de l'ame anter
Laffus au ciel luyfant & radieux,
A Juppiter Souverain Dieu des Dieux ;
C'eft noftre Dieu & benoift Créateur,
Gettez vers luy les yeulx de voftre cueur.
A chere efpoufe ; en quoy penfez vous ore ?
De double dueil eftes veftuë & ceinte,
Gardez que mort ne periffe & defflore
L'arbre & la fleur, fi que le fruict devore.
Helas ! on dit que demourez enceinte ;
Je prie à Dieu, & à la Vierge Saincte
Garder de mal & la mere & l'enfant ;
Mon cueur fouftient fi grief dueil qu'il en fend ;
Si vous avez auffi perdu le pere,
Au moins vivra l'enfant comme j'efpere.
Petit enfant qui es encor à naiftre,
Ton deffunct pere à toy fe recommande ;
T'admoneftant que quant feras en eftre,
Et que auras aage affez pour te congnoiftre ;
Tu preignes cueur d'accomplir fa demande ;
Parquoy te prie, & ces motz exprés mande
Que acquieres bruyt de vertueux renom,
Si feras vivre & reflorir fon nom ;
Je croy qu'en toy aura vertu & grace,
Veu que es extraict de fi tres bonne race.
Et vous fa feur, belle petite fille,
Jeune orpheline eftes & en bas aage,
Dont ne gouftez le grief dueil qui exille
La grant vertu & proüeffe gentille
De voftre pere ainfi prins au paffaige :
Quant aurez temps, & de raifon l'ufaige,
Prenez faconde humble, faige, & conftante ;
Selon le train de voz mere & tante ;

Vous

Vous estes fille en qui le loz redonde
D'ung des meilleurs gentilzhommes du monde,
Qu'en dictes vous ses parens & parentes?
Ceulx estes vous à qui doy recourir,
Comme aux amys & amyes apparentes;
Ans, moys, & jours, certes ne sont pas rentes
De grant durée, on les laisse courir,
Je vous requier', pensez de secourir
Vostre parent surprins de mort à l'heure
Qui de tout l'an est tenuë à meilleure,
C'est à la Pasque, on doibt présupposer
Qui sçeut tres bien de son faict disposer.
Pensez icy vous aultres gentilzhommes,
Et regretez comme moy ce dommaige ;
Considerez qu'en ce monde ne sommes,
Fors pour porter labeurs, charges, & sommes ;
Puis à la mort payer tribut d'hommaige ;
Le bon Viconte a prins pour son dismage
A coups de traict, lances, picques, & haches,
Ce mot portoit *non si non la hanaches.*
Jesus luy doint Paradis s'il ne l'a,
Et jamais n'aille ailleurs non si non la. *Amen.*

Mieulx que pis.

*S'ensuivent aulcuns quatrins faictz par
ledict Cretin sur les abus de ce monde.*

PLUSIEURS pasteurs portans simples habitz,
Monstrent semblant que en eulx n'a que reprendre ;
Mais dedans ce sont à bien les prendre,
Loupz ravissans soubz toizon de brebis.
  Subtilz regnars, & grans mangeurs de ymages,

F

Pour hault monter contrefont des bigotz,
Puys quant il font juchez fur leurs argotz,
Au monde font de merveilleux dommaiges.
    Jeunes enfans mys en religions,
Ou peres vieulx font de mauvaife affaire,
Comme finges font ainfi qu'ilz voyent faire,
Dont huy fe perdent à taz & legions.
    Juge ignorant & Confeillers fufpeftz,
Font le droict tort, & malle caufe bonne;
Et fi raifon y veult mettre fa bonne,
Chantez à l'afne, il vous fera des petz.

Debat entre deux Dames fur le paffe-temps des chiens & oyfeaux, faict par ledict Cretin.

L'ACTEUR.

E N la faifon que le joly ver dure,
   Que arbres ont prins feuillaige de ver-
     dure,
   Que fruiftz nouveaulx parmy les bran-
     ches pendent,
Que herbes & bledz fur la terre fufpendent,
Que tous veneurs en haulte cervoifon
Vont deftourner biches cerfz foifon,
Que oyfeaux de poing reclamez & bien duiftz,
Donnent aux gentilz paffe temps & defduiftz.
    Et que plufieurs gentilz hommes s'esbatent,
Courent aux champs, & des efperons battent
Tant leurs chevaulx, qu'ilz en font hors d'alaine;
L'autre an huit jours aprés la Magdalaine
Deux Dames veiz qui venoyent de l'esbat,
Et myrent fus ung honnefte débat,
L'une amoit chiens, l'autre oyfeaux; & tendoient

Prouver leur faict comme elles l'entendoyent.
  Si m'approchay pour oyr ce propos,
Et mon esperit mettre à port de repos.
Le débat fut que l'une maintenoit,
Et devant tous trésfort la main tenoit,
Que le desduyct d'oyseaux prisoit plus chier,
Et mieulx valoit à bien tout esplucher,
Que ne faisoit celuy des chiens ; mais quoy ?
L'autre disoit, qui ne monstre dequoy,
Ce n'est rien dit ; & tenoit le contraire,
Voulant porter chiens de race contre aire
De bons oyseaux ; lors en parolles entrerent,
Se fault sçavoir ou elles s'encontrerent.
  Advinct ce jour, comme Seigneurs s'advisent
De prendre esbatz, & de chasses devisent,
Ung Chevalier ses veneurs mist en queste,
Qui promtement firent si bonne enqueste,
Et aux taillis des forestz tant tournerent
Si bien à poinct, que ung grant cerf destournerent.
Leur raport faict, ce bon Seigneur envoye
Coupler ces chiens, & les faict mettre en voye ;
La Dame est là qui dit par ses bons dieux,
Que huy elle oyrra les chans melodieux
Des chiens courans, & que bonheur conduict
Le sien désir d'avoir part au desduyct.
  C'est la façon legiere & voluntaire
Des Dames ; mais de ce nous voulons taire.
Sus de par Dieu, on dresse le banquet,
Puis tout s'en va ; & Briquet & Marquet
Ainsi gayement à l'assemblée allerent,
Et lors veneurs le cerf aux chiens baillerent,
Qui ne fut pas sans les jarretz escourre,
Car tout le jour ne cesserent de courre
Par bois, par champs, par landes, & fustayes ;
Le cerf brossant halliers & fortes hayes,
Ruzes & saultz pour mettre chiens au change

Fournyt aſſez , mais enfin print l'eſchange
D'ung grant eſtang , habandonnant les boys ;
Et là dedans il fut mys aux abboys.
Si fault noter que ceſt eſtang batoit
Contre ung chaſteau dont le Seigneur eſtoit
Pour l'heure aux champs affin de prendre l'air ,
Et ſes oyſeaux veoir faire enoyſeller ;
Sa femme auſſi , Dames , & Damoyſelles ,
Honneſtes genz tout plain avecques elles :
Ung Eſprevier ceſte Dame portoit ,
Qui au deſduict fort bien ſe comportoit ,
Et ſi avoit aſſez de gibier pris
Pour le plaiſir de vouloir mettre à pris ,
Car les oyſeaux firent ſi bon debvoir ,
Que meilleurs d'eulx n'eſt poſſible de veoir.
L'heure approcha tout ainſi que appetiz
Viennent ſoubdain à grans comme à petis ;
Le Seigneur diſt , tournons bride , il eſt temps
D'aller ſoupper ; ainſi s'en vont contentz
Tous glorieux de leur bonne entrepriſe.

En approchant oyrent ſonner prinſe ,
Dont à peu prés troublerent leurs eſpritz ;
Mais on leur diſt que le cerf eſtoit pris
En leur eſtang ; ſi marcherent bon pas
Pour en ſçavoir , & ne demandez pas
Si au recueil on ſe fiſt groſſe chere ,
Joyeulx devis ſe mirent à l'enchere ,
Menus propos furent en avant mis ,
Ainſi que on faict entre les bons amys.

Les deux Seigneurs ſe deviſent enſemble ;
Comme joyeux d'eulx rencontrer ſe ſemble ;
Dames tiennent auſſi maniere gaye ,
Et ung chaſcun des deux bendes s'eſgaye ;
On chante , on rit , on s'accolle on ſe baiſe ,
De bien longtemps le rire ne s'appaiſe.
Aprés cela on tire vers l'Hoſtel

Du Chevalier, qui a bruict & loz tel
De traicter gens fort bien, pour quelque affaire
Qu'il faiche avoir à conduire & à faire.
Serviteurs vont acouſtrer les eſtables,
Les ungs au foing, autres dreſſent les tables,
Maiſtres d'hoſtelz courent parmy la place,
Paiges ſur bout, il fault que tout deſplace,
On perſe vins, on larde venayſon,
Poulletz pigeons ne ſe ſaulve, ne oyſon,
Que incontinent il ne ſoit mis en broche.
  Et cependant que viande on embroche,
Les amoureûx ſe deviſent aux Dames,
Comptent leur cas, jurent Dieu & leurs ames
Que leur amour tant les tourmente & nuict,
Qu'ilz n'ont repos la ſeulle heure de nuict,
Font des piteux, ſouſpirent, & lamentent,
Mais pour certain je croy qu'en cela mentent.
  Or pour entrer ou propos entamé,
Les Dames cy qui tousjours ont aymé,
L'une les chiens, l'autre oyſeaux, ſont enſemble;
Et vont diſant ce que bon leur en ſemble.
  Tout regardé tant en là comme en çà,
Celle qui tient pour oyſeaux commença,
Et diſt ainſi; Madame bien ſçavez
Combien de mal pour voſtre chaſſe avez,
Vous & voz gens eſtes voſtre ſaoul las;
Valent pas mieux les deduictz & ſoulas
Que ayſement on peult au vol comprendre,
Que travailler ſon cueur & corps à prendre
Chevreul ou cerf? meilleurs ſont les deſduictz
D'oyſeaux, que ceulx à voſtre mode duictz;
Huy nous avons du plaiſir encor eu,
Et ſans avoir Dieu mercy tant couru.
  D'aultre coſté celle qui tient pour chaſſe,
Et qui l'esbat de venerie pourchaſſe,
Dit que ung propos elle extime fort maigre,
F iij

Si non qu'il soit débatu en forme aigre ;
Et au regard de ce qu'elle débat
Qu'en vol d'oyseaux y a trop plus d'esbat
Qu'en cours de chiens, dit qu'il ne luy desplaise
Le vouloir n'a que de tant luy complaise
Se y accorder, mais l'autre part tiendra,
Et le dira où il appartiendra.

Dit oultre plus que plaisirs font trop cours
En vol d'oyseaux, & que chiens en ung cours
Font de plaisir plus cent foys par les boys,
Et trop meilleur fait ouyr leurs abboys,
Que ne fait pas veoir voller ung faulcon,
Sacre, ou gerfault, car souvent il fault qu'on
Tracasse au loing si quelqu'ung d'eulx s'essore.

L'autre respond, nostre propos cesse ore,
Car il me fault ses gens entretenir,
Qui ne sçauroit maniere aultre tenir,
On jugeroit ma parolle estre chere ;
Faictes ceans s'il vous plaist bonne chere
Jusque à demain, ceste nuyct passera,
Puis au matin tout par compas sera
Mis en avant, pensez en vostre endroict,
Car j'ay mon cas pourgetté comme en droict.

Disant ces motz, chascun est arrivé,
Et sur ce poinct le clou luy à rivé
Celle qui a le train de chasse appris,
Car en voyant le grand cerf qu'on a pris,
En soubzriant luy va dire, Madame
Entendez vous recouvrer appuy de ame,
En soustenant que de voz oyseaux sorte
Ung passetemps qui soit de telle sorte
Comme cestuy, demandez se prou feit
Veneur ayant tel plaisir & prouffit.

Vers le Seigneur du lieu s'adresse & dit ;
Pour Dieu, Monsieur, escoutez quel esdict
Madame tient, elle extime en effect

Chasses de chiens pour nulle , s’en est faict
Au vol d’oyseaux & grandz biens dit & compte.
Que de tous chiens tant soyent bons ne tient conte:
Quant est de moy je vueil ce point débatre ,
Et si c’estoit chose honneste de batre ,
Et mettre sus le tournoy ou combat ,
Seulle tiendroye en la façon qu’on bat
Contre elle & deux de sa sorte les rencs ,
Voyre au danger de dire je me rends.
    Se j’avois tort que jamais ne craindroye
Non plus vrayement que regnart doibt craindre
      oye ;
Mais dictes luy que son esprevier face
Quelque bon vol qui nostre prise efface,
Si ses oyseaux tenoient entre les serres
Ung tel gybier dont ma chasse laisse erres ,
Dire pourroit que assez bien se ayse corps
Qui prent le cerf somme de seize cors ;
Nostre débat est tel , & differe en ce ;
Dont s’il vous plaist pour veoir la difference
Pro & contra d’une telle querelle ,
Se juge y a en ce pays querez le.
    De ce propos les Chevaliers tous deux
Ont trés fort ris , jamais , aux rapport d’eulx
Et tous leurs gens , passetemps ne receurent
Plus à leur gré , dont si bien faire sceurent ,
Que tout ce soir fut la chose menée
Par tel party , que jamais femme née
Ne mist avant babil si affillé ,
Comme chascune or’ endroit a fillé.
C’est ung grand cas quant femmes se topiquent ,
Leur langue va comme gens qui tost picquent ;
Vous les veissiez rougir , pallir , trembler
De fier despit , pour l’une à l’autre embler
Le dernier mot , mais ce ne voit l’en pas
Guere advenir , sinon que le lempas

F iiij

Ou fille feift la parolle empefcher ;
Femmes tousjours fçavent où en pefcher,
Leurs bouches n'ont ferrures ne lyens.
   Or en effect le Seigneur de lyens
Leur dift ainfi ; fi vous voulez qu'on juge
Du different, j'ay pensé ung bon juge,
C'eft le Seigneur Conte de Tancarville
Expert fur tous j'en dis autant, car Ville
Ne ayme à hanter comme l'esbat des champs,
Et ne luy plaift tant ouyr les defchantz
Des inftrumens, que prendre à fon gré l'air,
Et aux abboys faire trompes grefler.
   Contentes font, & chafcune a figné
Le compromis de ce juge affigné,
Que l'on congnoift n'eftre en ce peu fçavant ;
Si font d'accord que l'arreft poulfe avant,
Et ont efpoir qu'il fera tant pour elles,
Le tout juger fans faveurs temporelles :
Par ce moyen fut conclud dés ce jour
Le lendemain ne faire aultre fejour,
Et que au matin tout ce procés feroit
Mené au long, & qu'on ne cefferoit
De pourfuyvir la matiere tractable,
Et fur ce poinct on fe alla mettre à table.
   Se demandez quelz entremetz & vins
Furent ferviz, tousjours allay & veins
Pour veoir dreffer tous les beaulx appareilz,
Defquelz ne vis longtemps y a pareilz,
Viande affez, à plante gybier, & forfe
De venayfon, là ung chafcun s'efforfe
De bien bouter, auffi chaffeurs fouvent
Ont appetiz qu'ilz recueillent foubz vent ;
Brief il y euft fi trés bonne fequelle,
Qu'on feift ce foir viette Dieu fçait quelle,
En crochetant gros flacons, & prou potz.
   Le foupper faict, on ne tint point propos

De convyer l'ung l'autre à veiller ;
Car on entend assez que au travailler
Est deu repos, aultrement cela nuyct.
Chascun s'en va, ainsi passe la nuyct.
Le jour venu, tout le monde se lieve,
Les Seigneurs pretz ; merveilleux bruyt s'eslieve ;
Quoy, que dit-on ? on regarde & oreille,
Dames qui ont tant la puce en l'oreille,
Qu'il ne les fault appeller ne esveiller,
La nuict n'ont faict que penser & veiller
Parquoy se font si matin esmouchées.
Sans estre à poy bien coeffées ne mouchées,
S'en vont ouyr une messe de chasse,
Et semble à veoir que appetit les déchasse,
Non appetit de manger, mais de faire
Sur ce debat leur contraire deffaire.

   En ung vergier de fort plaisant pourpris ;
Riche & paré plus que aultre pris pour pris
Qu'on puisse veoir sur la terre planté
Ou quel y a d'arbres à grand' planté,
Sur ung preau de treilles tout couvert,
Fut le quaquet de ses Dames ouvert ;
Seigneurs sont là qui leurs femmes regardent
Fort courroucez qu'ilz n'osent rire, & gardent
Grave maintien ; gentilzhommes assis
Sont deux à deux, trois à trois, six à six.

   Paiges, varletz serviteurs, tout accourt,
C'est ung estat tant y a grosse court ;
Ces Dames sont mises sur le beau bout
Si asprement, que tout le cueur leur boult.
Lors ceste la de l'esprevier convoye
L'autre, disant ; sus, Madame, qu'on voye
Ce que direz : elle respond ; mais dictes
Vous qui parlez ; mais vous, riens, trop mesdictes
De faire argu, à qui commencera,
Je ne puis pas sçavoir comment sera ;

Puis que avez mys le propos en avant,
N'esse raison que vous parlez devant ?
Si fut conclud, ainsi feist ses apprestz
De proposer comme ensuyt cy aprés.

La Dame à l'Esprevier.

N reprenant ce que disoye au soir
Touchant le poinct que débatre pre-
tendz,
On ne doibt pas le jugement surseoir,
Mais de plain sault prononcer & as-
seoir
A mon prouffit, ainsi que je l'entends ;
C'est assavoir que oyseaux font passetemps
Trop plus que chiens que l'on saiche trouver :
Et qu'il soit vray je le prens à prouver.
Premierement je fonde ma raison
Sur ce que oyseaux sont honnestes & gentz,
Et plus que chiens, & sans comparaison
Les recueille on à chascune maison
Des grands Seigneurs, & des moyennes gens ;
Tous Princes sont songneux & diligens
De les porter tant que leur saison dure,
Oyseaux sont netz, & les chiens plains d'ordure.
Considerez que chiens sont si trés ors,
Je m'esbahys que on nourrist tel mesnage ;
Tant sont requis oyseaux nyetz & sors,
Que enfans de Roys pour avoir telz trésors,
Engaigeront leur terre & appennaige ;
Qu'esse de veoir oyseau qui ha pennaige
Net, acoustré, joinct, polly, & luysant ?
Je ne croy pas qu'il soit riens si plaisant.
N'esse plaisir à veoir ung esprevier,
Longes aux piedz, sonnettes, & vervelles ?
Qui en sçauroit ung tel que à part veiz hyer,

Assez seroit pour le faire ennuyer,
Et mettre aux champs fantastiques cervelles;
Mais sont-ce pas façons trop plus nouvelles
Veoir sur le poing oyseaux par gentillesse?
Que mener chiens & vieulx dogues en laisse.
   Mordre, abayer, tout gaster & mal faire
Sçait faire ung chien, & aultre chose non;
Sur les fumiers ronger os & deffaire,
Cryer, huller, l'enraigé contrefaire
C'est tout luy fault; vela son propre nom;
Chiens n'ont jamais comme oyseaux le renom
Donner desduict sur dueil d'ennuyeux faicts;
C'est l'argument que contre vous je fais.
   Vostre sçavoir, se cuyde, se abbestist
De soustenir une chose si cruë,
Encontre oyseaux reprenez appetit,
Ne voyez vous que ung faulcon sy petit
Desconfist bien cygne saulvaige, & gruë?
De trop beaucoup avez parolle aigre euë,
Dire que oyseaux ne sont de bon effect,
Mal en yra, vostre procés est faict.
   Dame, raison vous convye & semond
Ja confesser que vous ay surmontée;
Or demandez se déduict y a monlt,
Quant le faulcon part pour tirer amont
Aprés heron, faisant une montée;
De plaisir n'est la bende desmontée?
On voit donner de si belles venuës,
Si hault qu'on peult regarder sur les nuës.
   Si trés soubdain vont ensemble sourdant,
Que à peine on sçait que ung & l'autre devient,
Ne pensez pas qu'on s'aille morfondant,
Car quant on voyt qu'ilz s'en viennent fondant,
De froid, chaleur, faim, & soif ne souvient,
Maistre heron jusques à terre s'en vient;
Qui auroit lors la mort entre les dens,

Il revievroit de veoir tel paffetemps.
    Se on veultparler du beau defduit d'oyfeaux
Que on peult avoir en vollant pour riviere,
Quant faulconniers batent le long des eaux,
Enquerez vous fi bottes & houfeaux
Laiffent fouvent eftriefz & eftrivieres,
Les gallans font fans barbute & baviere,
Jufques au cul dedans l'eave bien fouvent,
Plus drus en font pourveu qu'il face vent.
    Quant ung chafcun veult faire bon devoir,
Celluy n'y a qui doubte de morfondre;
Faulcons font haultz, à peine on les peut veoir,
Et fe canars font femblant de mouvoir,
Vous les verrez comme tempefte fondre,
A grans fouffletz les vous viennent confondre,
Ils tombent bas, puis contremont reffourdent,
Patapt, c'eft fait fe de l'eave ne fe hourdent.
    C'eft ung plaifir quant ilz font des plonjons,
Car faulconniers les fçavent desjucher
Trés bien, non pas comme on fait les pigeons;
Fourrer fe fault parmy rofeaulx & joncs;
Sont-ilz amont, on les veoit tresbucher,
Et de fi prés buffetter & chercher,
Que d'efchapper n'y a jamais reffourfe;
Plus grant defduict n'eft que d'en veoir la fourfe.
    Si le faulcon donne force defduict,
Sachez que on voit d'aultres oyfeaux affez
Pour faire vol en des fortes plus de huyt,
Mais l'efprevier par deffus tous defduyct
Ung droit millier de plaifirs enlacez;
Ne penfez pas que les gens foyent laffez
De ce meftier, ne que au monde foit huy
Ung paffetemps fi plaifant que ceftuy.
    Par voftre foy dictes qu'il vous en femble,
Doibt-on pas bien ce defduict avoir cher?!
Quant fur les champs telle bende fe affemble

De grans Seigneurs , & de Dames enſemble ;
N'eſſe plaiſir que de les veoir marcher ?
Mais tant y a quant vient au remarcher,
Fault que chaſcun ayt oeil de bonne miſe,
Pour regarder ou ſe fait la remiſe.
    Et s'il advient que quelc'un ou quelc'une
En cet endroit de la veuë s'entretaille ,
Dieu ſçait comment de chaſcun & chaſcune
Il eſt mocqué , faulte n'y a aulcune ,
Tout aſſeuré ſe tient d'avoir bataille ;
Mais ne cuydez ja que débat aille
Juſques au logis , car de ces joyeulx cris
Et plaiſans motz ne peult ſortir que ris.
    L'ung dit ; comment ſon oyſeau a bien fait ;
Et que d'ung vol honneſtement a prins
Perdreau desja tout maillé en effect ;
L'autre maintient le ſien eſtre parfait
Plus que n'eſt ung qu'on ſaiche mettre à pris ;
L'autre reſpond ; de tous faictes meſpris ,
Et en ce cas fol cuyder vous deçoit ,
Car ſi bon n'eſt que ung auſſi bon ne ſoit.
    Sur ce débat quant on a le loyſir ,
Et que oyſeaux ont faict aſſez bon devoir ;
On les abeſche , en leur faiſant plaiſir ,
Sur le gybier , & lors qui peult choiſir
Quelque allouete , on prend ſoulaz de veoir
Tirer amont , ſi vous faitz aſſavoir
Que ſi elle eſt de l'aelle bien pourveuë ,
On perd ſouvent l'ung & l'autre de veuë.
    Le beau du jeu eſt , touchant ceſt ' affaire ;
Quant l'oyſeau n'a ſa proye ſurmontée ,
S'elle demeure amont , qu'eſt-il de faire ?
Il fault laſcher pour le deſduit parfaire ,
Ung aultre affin de la rendre domptée ;
Et s'il eſt bon , en faiſant ſa montée
Dieu ſçait comment il la ſouffﬂette & bat ;

Ou penſez vous trouver ung tel esbat?
  Advient ſouvent que longtemps on regarde,
Car ſi hault ſont, qu'on ne ſçait qu'ilz deviennent,
On chante, on rit, on ſe jouë, on brocarde,
Puis tout ſoubdain qu'on ne s'en donne garde,
Tous deux fondans enſemble à terre viennent;
Imaginez quelz plaiſirs y ſurviennent
Quant l'allouette entre gens ſe vient rendre,
Et doulcement ſe laiſſe à la main prendre.
  Comme j'ay dict on trouve plus que aſſez
D'aultres oyſeaux pour approuver mon dire,
Mais ſeullement par ſes deux tiens caſſez
Tous les déduictz ou ſi fort tracaſſez
Aprés voz chiens, c'eſt dict ſans plus redire,
On ne me peult en ce cas contredire
Que le plaiſir de bons oyſeaux n'efface
Celluy des chiens, pourveu que droict ſe face.
  Qui d'œil ne voit, on dit que au cueur ne deult;
Puis que ainſi eſt je dy pour la pareille
Que le regard en telles choſes peult
Donner plaiſir mieulx que ouyr, & me meult
La raiſon que œil eſt plus digne que oreille
Du paſſetemps qui au cueur s'appareille,
Aultre que l'œil n'en porte le meſſaige,
Pour teſmoing prens ſur ce tout homme ſaige.
  Si plaiſir vient plus d'œil donc que d'ouye,
Bien eſt fondé l'argument que je tiens,
Et de l'arreſt debvray eſtre esjouye,
Se ma raiſon eſt bien veuë & ouye,
Que devant tous & toutes je ſoubſtien;
A tant m'en tays, ſauf que à dire retien,
Que vol d'oyſeaux vault mieulx que ne faict pas
Le cours des chiens, & concludz ſur ce pas.

L'ACTEUR.

PRES ces motz se leva l'autre
   Dame,   [ame,
Qui ne daigna demander conseil de
Mais franchement & gay ne saillit
   point
Reprendre en brief les motz de poinct en poinct
Dont se pensoit veoir desavantagée,
L'une n'estoit de l'autre avant aagée,
Et vous dys bien que se l'une parla
Honnestement, sy feit l'autre, & par là
Chascun disoit ceste dict à soubzhait,
Et ceste aussi bien babille à son hait;
En quoy plaisir prindrent tous les tesmoings,
Et de ma part n'euz, pas n'en doubtez, moins
De passetemps, car atteré m'estoye
Soubz ung rosier, ou par escript mettoye
Leur playdoié; si commença de dire
Ce qu'il s'ensuyt, elle m'en peult desdire.

La Dame qui soubstient les chiens.

'IL estoit dit que sans ouyr partye,
Homme jugeast ainsi qu'il entendroit,
Assez pourroye estre ore mal partie,
Et cuyde bien que petite partie
Du jeu gaigné auroye en cest endroict.
Veu que arguez, & vous fondez en droict
Si trés avant, que termes d'advocatz
Ne sçauroient mieulx donner ordre à voz cas,
  Besoing me fust avoir hanté l'escolle,
Pour la façon des motz secretz apprendre
Dont ore usez; vostre bouche les colle,

Si proprement joinct, acouſtre, & acolle ;
Que dire aprés n'oſe, doubtant meſprendre ;
Mais toutefvoyes ſi vueil je bien reprendre
En mon patoys tous les poinctz que avez dictz ;
En reſpondant à voz raiſons & dictz.

Sur le propos du debat voſtre & myen,
Il m'eſt advis que avez voulu touſcher
Et mettre avant de ſouſtenir combien
Valent oyſeaux, & dit tout plain de bien
De leur beau vol que vous tenez tant cher ;
Puis quant & quant avez ozé coucher
Maulx infiniz ſur chiens de toutes races,
Diſant qu'ilz n'ont beaultez, bontez, ne graces.

Premierement oyſeaux par voſtre dict,
Sont tant amez des Princes & des Roys,
Et ont vers eulx ſi bon & grand credit,
Que ſur leur poing les portent par edict
Des gentz attraictz en tous nobles arrois :
Chiens ſont ſi ors & ſont ſi grandz deſrois,
Ce dictes vous, que gens ſont couſtumiers
De les laiſſer coucher ſur les fumiers.

Vous dictes plus que oyſeaux ſont tant jolyz ;
Propres, & netz, qu'on les porte par tout,
Beaulx, joinctz, luyſans, acouſtrez, & polyz ;
Et que l'on doibt tenir chiens aboliz,
Car ſi l'ung prent, laultre luy robbe & tolyt,
Malfaiſans ſont, de trop grant & lourt couſt,
Grandz gaſte biens pleins de fiente & ordure,
Tort ne vous faictz ſi doulcement l'endure.

Puis alleguez que ung faulcon deſconfit,
Tuë, & abbat le cygne, auſſi la gruë ;
Si en ce cas voſtre dire ſouffit,
Et que en ſaichez faire voſtre prouffit,
Plaiſir aurez pourveu que ſoyez cruë ;
Et non pourtant qu'il ſemble choſe cruë
Veoir grant oyſeau deffaict par ung petit,

Si

Si donnez vous de le croyre appetit.
   Ce que oultre plus voſtre parler comprend ?
C'eſt du heron & des montées qu'il faict,
Puis des oyſeaux de riviere qu'on prent,
Des gentilz tours qu'on y treuve & apprend ;
Et comme on voit le faict & le deſtaict ;
Auſſi parler de l'eſprevier par faict,
Qui tire amont ſur l'alouette ; & bas
La faict venir, ou ſe font beaulx esbatz.
   Et en mettant fin à voſtre oraiſon,
Dont je faictz cy ung abregé recueil,
Dictes que oyſeaux ſont ſans comparaiſon
Plus à priſer que chiens, pour la raiſon
Que toutes gens leur font meilleur recueil ;
Si concluez à tant, & dictes que œil
En telz deſduictz fait beaucoup plus que ouye ,
Si reſpondray ſy je puis eſtre ouye.
   Pour commencer, quant à ce que vous dictes
Que oyſeau ſe peult par les maiſons porter
Des Roys & Ducz , & auſſi que meſdictes
Si fort des chiens, & du tout contredictes
Que dignes ſoyent les y veoir tranſporter ,
A toutes gens me vueil bien rapporter ,
Si on ne voit les feſtes & jours ouvriers
Sur lictz couchez eſpaignolz & levriers.
   Levriers ſont chiens, direz vous du contraire ?
Je croy qu'il n'eſt ſi ſimple créature
Qui ne ayme bien quelque beau chien retraire ,
Entretenir , veoir , nourrir , & attraire
Auprés de ſoy , ou trop ſe deſnature ;
Car ung chien eſt de ſi bonne nature ,
Qu'il ne peult veoir à ſon maiſtre débatre
Homme vivant , ſans le vouloir combatre.
   Teſmoing celluy qui combatit Maquaire ,
Ce fut combat de merveilleuſe grace ;
Mais trouvez vous ung oyſeau de quelque aire ?
G

Qui faulconnier fuyve jufques au Cayre,
Comme fera ung chien de bonne race ?
Il fault porter l'oyfeau, chien fuyt & trace,
Et à repos ne le verra homme eftre,
Jufques à tant qu'il ayt trouvé fon maiftre.
    On porte oyfeaux, mais comment ? au dangier
D'en recevoir mefaife bien fouvent,
Oyfeau defpit s'eflore de legier,
Tantoft yra en pays eftranger,
Se une foys il empongne fon vent :
Demandez donc à ce propos s'on vent
Ce deduict cher, pour en dire à loyfir,
Plus peine y a cent foys que de plaifir.
    Tenir procés touchant la netteté
D'oyfeaux ou chiens, cela ne conclud point
Noftre argument ; mention n'a efté
Se ordure y a ou deshonnefteté,
C'eft temps perdu, il fault venir au poinct ;
La queftion eft declairer au poinct
Lefquelz des deux donnent plus grant esbat
Chiens ou oyfeaux, vela noftre débat.
    Mais puis que tant en avez tenu plaict,
J'ay bien voulu refpondre à ceft article ;
Quant au furplus avant le jour complet,
J'efpere affez de jouer mon couplet,
Et de monftrer fans lunette & bezicle
A qui vouldra, s'il n'eft aveugle ou bifcle,
Que les deduictz des chiens vallent trop mieulx,
Que des oyfeaux à chanter parmy eulx.
    Et pour entrer au train de venerie,
Ainfi que avez traicté bien à loyfir
Et mis avant voftre faulconnerie,
Je allegueray la belle fonnerie,
Criz, & defchantz qui fe font à defir,
Le paffetemps, le deduict, & plaifir
Qu'on peult avoir en courant cerfz à force,

Quant ung chaſcun de bien faire s'esforce.
  Beau paſſetemps peult avoir conqueſté
Seigneur ayant maiſon de bien comblée,
S'il veult chaſſer le long de quelque eſté,
Quant veneurs ont le long du bois queſté,
Leur rapport fait il va à l'aſſembléc;
Lors trouvera toute pleine tablée
De gens aſſis ſur la belle herbe verd',
Qui ont, penſez, l'appetit bien ouvert.
  Là endroit ſont Dames & Damoyſelles
Sur l'herbe verd' aſſiſe & couchées,
Seigneurs auſſi abordent emprés elles,
Leur preſentant prunes vertes & grozelles,
Voyre & Dieu ſçet s'elles ſont bien touchées,
Caquet y va comme chés accouchées,
Parle qui veult, homme n'eſt eſconduit,
Mais ſi voit-on ce qu'on faiĉt & qu'on dit.
  Vous avez fort la chaſſe deſpriſée,
Et mys les chiens coucher ſur le fumier,
Reſpondez moy ſy aprés la riſée,
Il faiĉt bon veoir veneur ſur ſa briſée
Aller devant avecques ſon lymier;
Notez icy c'eſt pour le poinĉt premier,
Il faiĉt cent fois meilleur ouyr la meute,
Que veoir le vol dont faiĉtes tant d'eſmeute.
  Quant le Seigneur a mys ſes chiens à part,
Et le veneur reprend ces briſées querre,
Celluy qui veult avoir au deſduiĉt part
Loing ne ſe tient, mais prés ſa veuë eſpart,
Veoir s'il pourra monſtrer le cerf par terre,
Lors le lymier s'en va ſes voyes requerre,
A routte ainſi ſe frappe tout avant,
Et faiĉt lancer le cerf qui va ſuyvant,
  Si le veneur en pourſuyvant ſon droiĉt,
Voit le repos du cerf, & que au vray ſache
Que le droiĉt liĉt ſoit du ſien là endroiĉt,

G ij

Est si joyeux, que pour riens ne vouldroit
Que ainsi ne fult; lors son lymier atache,
Sonne ung long mot, & les aultres chiens lasche;
Du cerf mescreu destourné plus ne doubte,
Ainsi luy fait bailler la meute & route.

A donc voit-on des esperons donner,
Et gallopper comme à course de lance,
Trompes & voix font tel son entonner,
Qu'on ne orroit pas à peine Dieu tonner;
Et chiens d'aller, le cerf est en ballance,
Jasoit pourtant que le change leur lance,
Ruzes, & saulx, son pays tournoyant;
Si sera il tost pris, c'est pour neant.

Fuyant s'en va par fustaye & hault boys,
Et fait s'il peult une ruze en arriere,
Donc quelque foys les chiens changent leur voix,
Et congnoist-on à ouyr leurs abbois,
Qu'ilz passent oultre, & le cerf est derriere,
Cela est cler comme jour en verriere,
Plaisir n'est tel que avoir chiens de valeur,
Qui sçavent bien reprendre voix du leur.

La noise alors commance de plus belle,
Veneurs s'en vont aprés les chiens huant,
Merlant, rigault, marteau, appelle, appelle;
C'est ung desduict d'oyr telle chapelle,
Là, compaing, là, va, veez le cy fuyant,
Trompes & voix vont sonnant & criant,
Lamentent chiens, & chevaulx tant hanissent,
Que les forests du grant bruyt retentissent.

Dames sont là en quelques landes auprés,
Qui veoyent venir le cerf bessant la teste,
Tout plain de gens aussi fuyans aprés,
Grandz & petitz font de si beaulx apreftz,
Que en brief sur luy tumbera la tempeste;
De fort huer qui l'estonne & enteste,
La langue traict, tant la teste luy poyse

Qui cerche l'eau , c'eſt force qu'il y voyſe.
   Je m'esbahys que de ayſe on ne treſpaſſe
De ainſi le veoir en la riviere entrer,
C'eſt paſſetemps quant il va oultre & paſſe,
Car les veneurs , ſans querir aultre eſpace,
Suyvant aprés chaſcun ſe veult monſtrer ,
Mais là les chiens ne peult pas rencontrer
Si paſſe l'eau , puis quelq'un en reprend ,
Et à chaſſer de plus belle on ſe prend.
   Demandez vous dont les plaiſirs deſpendent
Lors que le cerf cuyde tourner au boys ,
Que on voit les chiens qui aux feſſes luy pendent,
Ne cuydez pas que l'ung ne l'autre attendent,
Tous à l'envy monſtrent leurs belles voix ;
Durer ne peult , il eſt mis aux abboys ,
Et n'atend plus remede d'avoir mieulx ,
Fors tomber mort à l'heure devant eulx.
   Ainſi je dis par raiſon bien prouvée ,
Deſduict d'oyſeau , faulcon , ny eſprevier
Ne donne point une joye eſprouvée ,
Telle qu'elle eſt en la chaſſe trouvée ,
Et meſmement comme je la veiz hier ;
Qui bon l'aura penſe de l'envyer ,
Car de ma part oze ad ce contredire ,
Et en tous ſens renverſer voſtre dire.
   Chaſſes ont cours , ne doubtez point , où elles ,
Sont demenées ainſi qu'il appartient ;
Vault-il pas mieulx veoir ung ſenglier és toilles,
Que tout le jour baſter juſques aux eſtoilles,
Pour regarder faulcon que vent ſoubztient ,
Quant beaux levriers bien atiltrez on tient ,
Et que en ung cours viennent ſenglier , ou lée ,
C'eſt ung plaiſir que d'eſtre à la meſlée.
   Ronfflant , grongnant s'en vient la fiere beſte ,
Et là veneurs l'eſpieu ou poing l'atendent ,
Gens , trompes , chiens , font terrible tempeſte ;

Aulcunes foys le cul par deſſus teſte
Tumbent les ungz , qui leur jarretz eſtandent
Tant ſont craintifz ; mais ceulx qui s'i entendent.
L'enferrent franc entre dens de levriers ,
Auſſi n'eſt-il ouvraige que d'ouvriers.
  Avant le coup voit qu'on luy appareille
Son entremetz , parquoy tranche & deſcouppe
Paovres levriers en ſorte non pareille ;
Mais ce quelq'ung le peult prendre à l'oreille ,
Sachez que toſt luy rend de tel pain ſouppe ,
Adonc ſe vengent chiens & levriers en crouppe ,
Car pugny eſt lors de toutes offences ,
Et ne peult plus uſer de ſes deffenſes.
  Imaginez ce c'eſt pas beau deſduict ,
Quant on le faict contre ung arbre aculler ,
Environné de trente ou vingt huyt
Chiens abbayans , dont le moindre eſt tout duict
Le bien pincer & ne peult reculler ;
Je ne croy pas , à bien tout calculler ,
Que Dieu n'ait faict expreſſement les boys ;
Pour mettre cerfz & ſangliers aux abboys.
  Oyſeau ſans chiens à peine peult riens prendre ,
Ce que font chiens ſans oyſeaux , comme on ſçait .
Et ſans doubter qu'on me ſaiche reprendre ,
Je dis que chiens font beaulx deſduictz comprendre
Oultre & deſſus les oyſeaux plus de ſept ;
Or reſpondez à ce petit verſet ,
Chiens prennent loups , lievres , regnars , teſſons ,
Oyſeaux vollans pevent ilz rendre telz ſons.
  En reprenant voſtre concluſion ,
Ou avez dit que œil faict plus qu'ouye ,
Touchant cela c'eſt tout abuſion ,
Parler n'en puis fors en derriſion ,
Car en voz ſens monſtrez eſtre esblouye ;
Raiſon avez comme il me ſemble ouye ;
Et dont me vueil rapporter à chaſcun ,

C'eſt que deux biens vallent tousjours mieulx que
    ung.
  Or eſt ainſi qu'on peult deux biens avoir
Par chiens courans, c'eſt de veoir, & ouyr,
Premiers ilz font les cerfz & ſangliers veoir,
Qui eſt plaiſir; puis pour ſecond devoir,
Les ouyr fai¢t cueurs de gens esjouyr :
En vol d'oyſeaux vous ne povez jouyr
Sinon de veoir; doncques chaſcun congnoiſt
Que trop mieulx vault ce que on voit, & qu'on oyt.
  Veoir & ouyr ſont les plus nobles ſens
Entre tous ceulx dont jouyſt la perſonne ;
Telz biens ſe font d'ung homme aveugle abſens
Quant au gybier, car s'il y avoit cinq cens
Faulcons amont, cela riens ne luy ſonne,
Et ne ſçait point lequel mieulx ſe façonne,
Fors par rapport, qui ne resjouyt pas
Comme au chaſſer fai¢t ouyr ſur ce pas.
  Car s'il povoit a l'aſſemblée aller,
Quoy que de veoir euſt perdu la puiſſance,
Si pourroit-il ouyr les gens parler,
Chiens abbayer, trompes ſonner, greſler,
En quoy prendroit quelque resjouyſſance :
Conſiderez doncques la jouyſſauce
De ces deux biens en tel deſdui¢t comprins,
Je dys que chiens doibvent gaigner le prys.
  Aultres raiſons ay aſſez de renfort
Touchant ouyr ; qu'il ſoit vray, par les champs
La choſe en quoy on prend deſdui¢t, confort,
Joye, & plaiſir, dont on ſe esjouyſt fort,
C'eſt eſcouter les melodieux chans
Des oyſillons volletans & marchans
Sur buiſſonnetz ; parquoy conclure vueil,
Qu'en ceſt endroit l'ouyr fai¢t plus que l'œil.
  Beſoing euſſe eu apprendre ma leçon,
Pour renverſer les raiſons que avez di¢tes,
G iiij

Car de ma voix est trop foible le son ;
Si suis d'avis que au Juge nous laisson
Tout le surplus, sans user de redictes ;
Et se de luy ne sommes esconduictes,
Quant devers luy envoyront or' endroit,
Il jugera qui aura tort ou droict.

L'ACTEUR.

Tant cessa ceste Dame afestée,
Qui bien monstra estre fort affectée
A soustenir vaillamment son affaire ;
Si fault noter que l'aultre eut fort
affaire
A se garder de luy trancher parolle,
Car il sembloit qu'elle jouast par rolle,
Et que non plus eust peine de vuyder
Langaige à poinct, que fil à desvuyder
Luy cousteroit ; mais non pourtant elle eut
Maintien rassis, puis à son tour esleut
Temps & loysir de repliquer ainsi,
Ou à peu prés que je l'ay mis icy.

La Dame à l'Esprevier replique.

IEN suis d'accord qu'on face mettre
en voye   [porte
Homme entendu, qui ce playdoyé
Cloz & scellé au Juge, affin qu'il
voye
Le demené, & sur ce nous envoye
Vray jugement qui au droit se rapporte ;
Mais ne pensez que à tant je me deporte,
Car il faut bien qne ma parolle applique
A vous donner quelque mot de replique.

Se comme vous la grace ne deſſers
De bien parler, ſi n'eſt mon ſens ſeduyt;
Que n'oſe aſſez monſtrer de quoy je ſers.
En repliquant ſur la chaſſe des cerfz,
Dont tant avez blaſonné le deſduyt,
Vous dictes bien comment on ſe conduyt,
Et combien ſont Seigneurs & Dames ayſes;
Mais vous taiſez les peines & meſaiſes.

Appellez vous plaiſir de tracaſſer
Aprés les cerfz pour prendre lourdes tailles,
Voire au dangier de jambe, ou bras caſſer,
Vaut-il pas mieulx chanter, & ricaſſer
A veoir voller petitz perdreaux ou cailles?
Qui me diroit, à ceſte heure il fault que ailles
Courre ung cerf; non, je reſponds, que ne peine
Jamais pour veoir plaiſir de telle peine.

De veoir ſangliers ainſi qu'il vient au Cours,
C'eſt paſſetemps entreſmelé de crainte,
Le plus ſouvent qui n'auroit du ſecours,
Ung ſeul hazard met la vie en decours,
Fourrez vous y pour avoir telle eſtrainte,
Esbat ne vault qui ſe fait par contrainte,
Non faict deſduict quant il met gens en doubte,
Ou danger eſt, lyeſſe affoiblit toute.

Vous concluez que oreille faict plus que œil,
En tous deſduictz qu'on peult au monde prendre;
S'il eſt ainſi, le gracieux acueil
Dont voz yeulx ont dreſſé maint bon recueil,
A peu ſouvent envers pluſieurs meſprendre;
Quant c'eſt à moy je ne puis pas comprendre,
Que l'œil ne ſoit plus à recommander;
Et à propos je vous veuil demander.

Deux hommes ſont maintenant cy endroit,
L'ung perd les yeulx, & l'autre ſourd devient;
A voſtre advis, lequel des deux perdroit
Plus, ou celluy qui n'oyt goutte par droit.

Ou l'aveugle que conduire convient ?
Il est certain que trop plus mesavient
Au non voyant, car il perd la plaisance
De veoir, dont peult l'autre avoir ample aisance.
   Ceste raison souffira desormais,
Pour vous trencher & fermer le passaige,
Par ce moyen d'en parler me desmetz,
Èt de tous poinctz au juge m'en submetz,
Sans plus tenir termes d'avocassaige,
Je croy & tiens qu'il est en ce cas saige
Et bien instruict, ou plusieurs sont deceuz,
Ainsi concludz mon faict comme dessus.

L'ACTEUR.

SUR piedz ce mist l'autre, qui vis à
        vis
   Ja preste estoit de dire son advis,
   Et promptement cuydoit encor res-
              pondre,
Si la raison y eust sçeu correspondre ;
Mais se eust esté pour toute la sepmaine
Qui eust voulu ; car quant procés se meine,
Et mesmement entre femmes de sorte,
Souvent n'advient que aysement on en sorte,
A tous propos chascune veult avoir
Le dernier mot, c'est belle chose à veoir.
   Or les Seigneurs qui leurs femmes ouyrent
Si bien parler, trésfort s'en resjouyrent,
Tant que tous deux voulsissent endurer
Que ce procés deust longuement durer ;
Mais nonobstant pour complaire aux gourmetz,
Desliberez desjuner de gours metz
Et arrouser subgorge & porte mors
Du poil du loup dont avoient esté mords,
Fut advisé, pour abreger ce compte,

Donner conseil d'envoyer vers le Conte
Dessus nommé qu'on a esleu à Juge
A celle fin que par sentence adjuge
Qui a le tort ou droict ; sur ce l'ung d'eux,
Sen vint parler aux Dames toutes deux.

Disant, or ça j'ay trouvé homme saige,
Si vous voulez, pour faire le messaige ;
C'est ung mien Clerc habille & entendu,
Pour escouter & parler en temps deu ;
Il est sçavant, & fort leger de main,
Qui pourra bien avant huy que demain
Mettre en escript ce que avez proposé,
Et congnoistrez qu'il naura prou posé
De le porter au Juge que sçavez ;
Messaiger seur dont congnoissance avez,
Debvez plutost envoyer par chemin,
Que ung estrange brouilleur de parchemin ;
Mais où est-il ? faictes, le nous venir,
Meilleur secours ne nous peult advenir,
Disent-elles lors, pour Dieu, que nous l'ayons,
Affin que plus sur ce ne delayons.

Le Chevalier tout soubdain se départ,
Et en ung coing de vergier treuve à part
Son Clerc caché entre fueilles grant nombre,
Non pour dormir ne reposer en umbre,
Mais aussi coy que homme qui prent ablettes,
Avoit le tout couché en ses tablettes,
Tout l'argument voire de poinct en poinct
De ce procés, en quoy ne faillit point.

Lors le Seigneur par la main leur presente,
Et dist ; voyez que à ceste heure presente
A mynuté : si veirent tout descript ;
Leur different en assez peu d'escript ;
Bien aises sont, & se avancent de dire,
Tres doulx amy ne nous vueillez desdire
Si vous avez encor du papier net,

Plume taillée, & de l'ancre en cornet,
Escripvez nous sans y mettre ne oster,
Le tout ainsi que l'avez sçeu noter,
Car pour certain on ne sçauroit mieulx mettre
Nostre débat en prose ny en mettre ;
Puis, s'il vous plaist, le porterez au Conte
De Tancarville, auquel ferez le compte,
Et de par nous luy direz, que trésfort
Le supplions qu'il vueille mettre effort
De regarder ce que luy envoyons,
Et que le sien jugement en voyons ;
Mais gardez bien, si voulez tant amer
Nous obeyr, de parolle entamer,
Et vous deust-il donner charges & sommes
D'or & d'argent, de dire qui nous sommes ;
Soyez secret, & besongnez si bien,
Que en acquerez bruyt d'estre homme de bien ;
En ce faisant qu'on vous commande, certes
Trés bon loyer aurez de voz dessertes.

Le Clerc respond, si heur & grace avoye,
Et acomplir voyage grand sçavoye
Pour voz plaisirs ; mes Dames, je faictz veu
A tous les sainctz, que jamais ne fut veu
Homme si prest que je seroye, affin
De voz plaisirs & vouloirs mettre à fin ;
Et au regard de l'affaire present,
Cueur & vouloir vous offre pour present,
Et croy que avant le jour soit à complie,
Du tout sera la besongne acomplie ;
Aussi raison veult que de corps & de ames,
Loyaulx servans obeissent aux Dames.

Ancre & papier va prendre, & met en terre
L'ung des genoulx, si escript de grant erre,
Et par le veoir, pour ce que bien luy sied,
Chascun auprés sur l'herbe verd' se siet.
Le temps pendant les Seigneurs se pourmeinent,

Qui des propos & devises prou meinent ;
Celluy de qui la femme tant pour chasse ;
L'autre convie, aguillonne , & pourchasse
Dicte en allant tant par long que par lé
De ce vergier ; laquelle a mieulx parlé ?
Adonc respond, je dis que c'est ma femme ;
Car aultrement je seroye homme infame ,
Dieu ayme ceulx qui leur bonne partie
Ayment tousjours , sans faire départie.
L'aultre soubdain prend à l'encontre dire ,
Quoy n'osez vous aultrement contredire ,
C'est trop tenu des Dames en ce pas ,
Offre vous faictz , ne le reffusez pas ,
J'ay ung beau chien aussi bon rechasseur
Que de longtemps pourra trouver chasseur .
Je suis content le vous donner , pourveu
Que devant tous ne serez despourveu
Dire tout hault , ma femme n'est pas saige
De soustenir oyseaux en ce passaige ,
Et puis direz que la mienne a bon droit
Parler si bien des chiens en cest endroit.
Le Chevalier prenoit bon appetit
D'avoir ce chien, sy songea ung petit ,
Puis s'advisa tout à coup & va dire ,
Honte seroit à moy de contredire ,
C'est ung abus vouloir rédarguer
Femme qui est ouvriere d'arguer ,
Et sçait assez de plait pour tenir rencs
En Parlement ; vostre chien je vous rends.
  En bonne foy , dit l'autre ; bien sçavoye
Que ainsi seroit, cela s'en va sa voye ,
Car je entendz bien que ung vent de la chemise
Vous garde avoir parolle lasche mise ,
Ce train debvez tout vostre saoul tenir ,
Puis que tousjours vous veult bien soustenir.
  Le bon Seigneur endura ceste attaincte ,

Et pour cela sa couleur en a tainĉte,
Quoy qu'on en dist, il n'en faisoit que rire.
Quant Dames ont tout leur cas faiĉt escripre,
Donnent congé au Clerc, mais avant ce,
Luy prient bien fort que du retour s'avance.
    Tout gay s'en va comme ung aventureux,
Disant qu'il est doresnavant heureux,
Si peult avoir la bonne grace acquise
Des Dames, veu qui a ja pieça quise:
Si bien picqua, que aprés mydy ce jour
A Blandy vint, où faisoit son sesjour
Le Conte lors estant devant sa porte,
Qui sur son poing à l'heur ung faulcon porte.
Honnestement, comme bien faire sçeut,
Luy presenta ces lettres qu'il reçeut
Tres voluntiers, & luy dist; mon Seigneur
Je croy que Dieu aujourd'huy m'enseigne heur
D'estre arrivé ceste part cy à poinĉt,
Ce m'est grand heur, de cela ne mentz point
    Celles pour qui j'ay une charge prise,
Deux Dames sont que fort on louë & prise,
Qui devers vous m'envoyent pour ung débat
Entre elles meu, mais ce n'est que d'esbat,
Trés humblement suppliant leur permettre
Celer leurs noms pour l'heure, & à part mettre
Le jugement sur les raysons & faiĉtz
Où elles ont cueurs & vouloirs affeĉtz,
D'en veoir la fin ja longtemps y a tendent,
Et à vous seul de tout poinĉt s'en attendent,
Dont, s'il vous plaist, verrez le contenu
De l'argument, qui n'est ung compte nud.
    La lettre ouvrit affin de veoir & lyre
Qu'elle contient, si luy fut force eslire
Ung lieu à part pour rire & reposer;
Car quant il vit la matiere poser
En si bon train, bien pense trouver tasche

Plaifant à veoir , puis que ainfi Dame tafche
Mettre en avant ung fi gent argument
Veu que fouvent femme que on arguë ment :
Si dift au Clerc , mon amy , je ne fçay
D'ont vient cecy , & ce c'eft ung eſſay ,
Mais je vueil bien à ces Dames complaire ,
Et de longtemps à toutes beaucoup plaire ,
Monftrez moy tout l'efcript & demené
De l'argument à leur mode mené ,
Veu qu'elles m'ont en la matiere quis ,
Pris , & choifi pour Juge , il eft requis ,
Premier que aulcun jugement leur envoye ;
Que bien au long tout le procés en voye ;
Lors prend l'efcript & fe retire à part ,
Mais à fes gens , charge que de fa part
Soit bien traicté le Clerc , qui pour meſſaige
Eft , comme il croit , au gré des Dames faige,
De mot à mot voit les argus & dictz ,
Frians caquets , avantaigeux edictz ,
Que Dames font chafcune en fon endroict ,
Qui ne font pas du tout fondez en droict ,
Mais toutesfois fi bien fçavent parler ,
Que leur renom on doibt bruyre par l'air.
  Quant il a veu tout au long & à poinct
Leurs argumens ou l'une & l'autre poinct ,
Et qu'il a bien regardez & cottez
Les contreditz de tous les deux coftez ,
Son jugement a bafty & tyſſu ,
Mais pour monftrer que de luy eft yſſu ,
Aprés l'avoir faict efcripre auſſi net
Que poſſible eft, de fon petit fignet
L'a cloz , fcelé , fermé , & cachetté ,
Et pour prefent mieulx donné que achepté ,
Le baille au Clerc , difant, amy tournez
D'ont vinftes hyer , & ne vous deftournez
Que de par moy ne prefentez falutz ,

Humbles autant que ayent eſtez pieça leuz
Aux Dames dont avez charge , & leur diĉtes
Que tout au mieulx que j'ay peu ſans rediĉtes ;
Sur leur débat ſentence ay or' donne
Comme raiſon & droiĉt l'ont ordonné.

Son congé pris , tant faiĉt par ſes journées ,
Qu'il va trouver les Dames ſesjournées ,
Mais premier vient en la maiſon de celle
D'ont il partit ; doncques demandez s'elle
Luy feiſt recueil ; cela s'entend aſſez :
Lors diſt le Clerc , ſy ung cent entaſſez
Enſemble eſtoient de ſalutz que le Conte
Par moy vous mande , on en feroit ung compte ;
Comme je croy , Madame , par mon ame ;
Par ceſt eſcript ſon jugement verrez ,
Où en voz diĉtz , ainſi qu'il trouve , errez ,
Mais je ne ſçay laquelle ſe ſera ,
En le voyant la doubte ceſſera.

Belle envye eut faire quelque ouverture ,
Mais elle veyt deſſus la couverture
De ce pacquet , l'emprainte du ſignet ,
Si diſt , je n'ay loy de l'ouvrir , ſi n'eſt
Preſent partie ; & à l'heure ſe part ,
Sans aultre arreſt pour aller ceſte part
Et tant picqua , que ſans longue demeure ,
Fuſt au chaſteau où la Dame demeure.

Au renconſtrer bon recueil s'entrefirent ,
Et le pacquet incontinent deffirent ,
Car toutes deux , depuis que ſont en vye ,
N'eurent de vcoir lettres ſi bonne envye ;
Deſployé fut , & mis entre les mains
Du jeune Clerc , qui en euſt tout du moins
Cent beaulx eſcutz & de poix , pour le lire ,
Se de malheur n'eut faulte à les eſlire ;
Lors commença de dire la Sentence ,
Selon l'advis que le Juge ſçeut en ce,

S'enſuyt

S'enfuyt le Jugement.

OMME procés fuſt puis n'agueres meu
Entre les deux Dames toutes gentilles,
Qui de froid ſang, & ſans couraige eſmeu,
Ont ung débat enſemble & de meſme eu,
Plain de raiſons & parolles ſubtilles,
Requis nous ont en fort gracieux ſtilles,
Que voulſiſſions donner de noſtre advis
Et jugement ſur leur noiſe & devis.
 Leur débat vient du deſduict & plaiſance
Qu'on prent aux champs, & dit une ce ſemble
Que en vol d'oyſeaux a plus de joyſſance
De beaux deſduyctz pour prendre esjouyſſance,
Que en tous les chiens qu'on ſçauroit veoir en-
 ſemble;
L'autre ſoubſtient le contraire, & aſſemble
Tout plain de biens ſur chiens, diſant que d'eulx
Pour ung plaiſir d'oyſeaux en viennent deux.
 L'une met ſus cinq louenges moult belles
Sur les oyſeaux, qu'elle ſçait bien deſcripre;
Puis dit que chiens ſont mauſades, rebelles,
Et faict contre eulx fort eſtranges libelles,
Mais tout cela ſeroit long à eſcripre,
Par ſon eſcript les vouldroit tous deſtruire,
Pour eſlever oyſeaux juſques aux cieulx,
Tant ſont, ce dict, plaiſans & gracieux.
 Quoyque le poinct de leurs premiers débatz;
Ne ſoit fondé ſur beaultez, ne bontez
De chiens, n'oyſeaux, mais ſans plus des esbatz,
Et beaulx deſduictz qu'ilz donnent hault & bas,
Ceſte pourtant rend les chiens deboutez,
Et dit qu'ilz ſont ſur les fumiers boutez

H

Comme villains, & qu'oyſeaux netz & gentz,
Se voyent porter des Roys & nobles gens.
  Tous les deſduictz que on peult en oyſeaux
      prendre,
Couche trés bien à ſon intention,
Entre autres veult vol d'eſprevier comprendre,
Et du faulcon, pour le meſtier apprendre,
En ſes deux a fort grande affection ;
Dict & maintient, que la perfection
Des oyſeaux, rend la perſonne pourveuë
De ſon plaiſir, qu'on peult choiſir par veuë.
  Sa rayſon prend ſur l'œil, qu'elle dict eſtre
Vray meſſaigier du cueur, & par nature
Eſt ſi trés franc, ſi promt, & ſi adextre,
Qu'en tous deſduictz choiſit la partie dextre ;
Et donne au cueur une telle poincture,
Que tout le corps n'a veine ne joincture
Qui n'ayt ſoulas, parquoy eſt esjouy
De plaiſir veu, plus que d'ung aultre ouy.
  Veoir vol d'oyſeaux eſt plus plaiſir que ouyr
L'abbay des chiens, ſelon ſon argument,
Et devant tous ſoubſtient que pour jouyr
Au paſſetemps qui peult gens esjouyr,
Ceſtuy vault mieulx, à tout bon jugement ;
Et ſur ce poinct conclud bien ſagement
En proteſtant, s'elle y ſent intereſt,
De repliquer aprés, ſe meſtier eſt.
  De l'autre part ſe met à la traverſe,
Celle qui veult les chaſſes maintenir ;
Si dit & tient eſtre partie adverſe
En ceſt endroit, & à l'autre renverſe
Tous les propos qu'elle a voulu tenir,
Met en ſes faictz, & veult bien maintenir,
Qu'on doibt les chiens, comme il luy ſemble, ay-
      mer
Autant ou plus que oyſeaux, ſans riens blaſmer.

Touchant les maulx que aux chiens a reprochez,
Elle rabbat assez bien ses coustures,
Et doulcement ces motz luy a touchez,
Que on les permet souvent estre couchez
Sur lictz parez de belles couvertures,
On faict en chiens si bonnes nouritures,
Comme elle dit, que jamais n'abandonnent
Ceulx qui les ont, pour peine qui leur donnent.

   Aprés qu'elle a usé d'une reprise
Sur tous les poinctz que l'autre avoit desduictz,
Le passetemps de chasse louë & prise,
Et sans mentir se monstre bien apprise,
Car gentement en touche les desduictz;
Si dit comment veneurs sont faictz & duictz
Destourner cerfz, chevreulx, sangliers, & lées,
Au rencontrer par leurs voyes & lées.

   Elle poursuit & met par ses escriptz,
Le beau desduict que en forestz & buissons
Vient de courir les cerfz; puis a descris
Le bruit des gens, le fort huer, les cris,
Et belles voix qui n'ont pas meschans sons;
Impossible est d'ouyr jamais chansons
Mieulx à son gré, se bien compare à dix,
Et dict que c'est ung petit paradis.

   Par le menu deschiffre le plaisir,
Et bel esbat qu'on trouve en venerye,
Puis dit comment ung ayse vient saisir
Le cueur de ceulx qui pevent voir à loysir
Le cerf fuyant devant la Seigneurie;
Telz desduictz n'a en la faulconnerie,
Mais est douleur de veoir gens esperdus,
Quant oyseaux sont esforez & perduz.

   Dit plus que chiens sçavent bien bestes prendre
Sans les oyseaux, qu'oyseaux ne font sans eulx,
Dont à blasmer est moult & à reprendre,
Celle qui veult au bon maistre apprendre
H ij

Que les defduictz des oyfeaulx vallent mieulx,
Si entreprend fouftenir en tous lieux,
Qu'ainfi ne fut jamais veu ne trouvé
Et dict l'avoir fuffifamment prouvé.

Aprés qu'elle a plufieurs refponfes faictes,
Ung mot reprend, dont l'autre s'aventaige,
Sur ce que veoir en toutes joyes parfaictes
Fait plus que ouyr ; mais pour telles deffaictes,
Ne peult avoir, ce dit-elle, avantaige,
Le corps & biens offre mettre en oftage
Sur le rapport de chafcun & chafcune,
Se l'on doibt pas plus prifer deux joyes que une.

Et oultre plus dict que voir & ouyr
Sont deux plaifirs que chaffes font avoir,
Et que en voyant le cerf, on peult jouyr
De paffetemps, puis doibt-on s'esjouyr
Ouyr les chiens, & plaifir recepvoir
En leurs abbays ; fi eft bon à fçavoir
Que des oyfeaux n'eft perfonne pourveuë
De nul esbat, fors feullement de veuë.

A ce propos une raifon defduict,
Et dit, celluy qui goutte ne verroit,
Pourveu qu'il fuft à l'affemblée conduyt,
Auroit fa part au plaifir du defduict,
Quant feullement le bruyt des chiens orroit,
Mais en oyfeaux prendre esbat ne pourroit ;
Ainfi conclud que par veuë & ouye,
De noftre arreft debvra eftre esjouye.

En replicquant l'autre Dame veult dire
Que craincte faict tout plaifir eftranger,
Et quel' entend plainement contredire
A telz defduictz, & les faire entredire
Veu qu'il y a fy merveilleux danger ;
Cerfz & fangliers donnent, pour abreger,
D'ung feul plaifir cent milliers de douleurs,
Et dift que esbatz des oyfeaux font meilleurs.

Et au regard de ce que l'autre tient
Que en tous defduictz ouyr faict plus que veuë ;
De ce poinct la contredict , & foubftient
Qu'il eft mieulx deu à l'œil , & n'appartient
Que devant luy l'ouye en foit pourveuë ;
Et par ainfi fans faire aultre reveuë ,
Dit que trop plus rendent cueurs esjouyz
Les plaifirs veuz , que ceulx qui font ouyz.

    Puis met en jeu ung aveugle & ung fourd ,
En demandant lequel a plus perdu ,
La queftion vient d'elle mefme , & fourt,
Si y refpond & dict , moins fe reffourt
Le non voyant , & plus eft efperdu ;
Ainfi fur veoir conclud au refidu ,
Que les defduictz d'oyfeaux par noftre efdict ,
A fon rapport devroient avoir credit.

    Or donc aprés que avons leu & cotté
Le demené de toutes leurs raifons ,
Veu , vifité , efpluché , & goufté
Tous leurs procés d'ung & d'aultre cofté ;
Dictz , contredictz , offres comparaifons ,
Reproches faictz , repliques , & blafons ,
Par meur advis ayons fçeu moderer
Ce que en tel cas faict à confiderer.

    Et tout bien veu felon les faictz produictz ,
Pour rendre acquit du devoir obligé ,
Difons qu'en chiens de bonne race duictz
A courir cerfz , y a plus beaulx defduictz ,
Que en vol d'oyfeaux ; ainfi l'avons jugé ,
Et le vray droict à la Dame adjugé ,
Qui la raifon fur veoir & ouyr caufe ,
Defpens par tout compenfez , & pour caufe.

L'ACTEUR.

N prononçant l'arreſt contenant ce
Qu'a eſté dit, Dieu ſçait la contenance
Des Dames lors , & ſembloit à veoir
    l'une ,
Qu'elle euſt cerveau pour tenir de la
    lune ,
'Ayſe & plaiſir ont ſon cueur ſi fort pris ,
Quant elle a ſçeu avoir gaigné le pris ,
Que tout ce jour de parler ne print ceſſe ,
Voire & tenoit vrays termes de Princeſſe ;
Qu'en penſez vous ? diſoit-elle en mocquant
A l'autre Dame , on ne ſonne mot quant
Le cas va mal , c'eſt le batz qui nous bleſſe ,
Parlez vous point ? veez cy belle nobleſſe.
    L'autre luy diſt , faiſant baſſes minettes
En ſoubzriant , contente à demy n'eſtes .
Si ne mocqués ceulx à qui la fortune
Diⱷt ainſi mal , mais vela au fort une ,
Raiſon me meut porter patiemment ,
Et n'en auray au moins pas ſciemment
Dueil ne deſpit , car de perte ou dommaige
Que aye en ce cas, ne vous doy point d'hommaige ;
Le Juge a bien ce procés aſſemblé ,
Et en a diⱷt ce qu'il luy a ſemblé ,
Mais auſſi-toſt fera convertir croye
En noir charbon , que de ce je le croye ;
Toutesfois veu que avons faiⱷt tel eſdiⱷt ,
Son jugement tiendray à faiⱷt & diⱷt.
    Sur l'heure entra une aſſez groſſe bande
De ſurvenans , & ainſi qu'on ſe bende ,
Homme n'y eut qui ne print ſa pareille
Pour deviſer ; lors chaſcun s'appareille

Mettre à l'envy devises & caquetz,
Car telz mignons ne demandent que acquetz
Sur nouveau fruict d'amoureuse conqueste,
Et aujourd'huy c'est bien force qu'on queste
Pour destourner jeunes bestes au cours,
Dont les plaisirs sont si maigres & cours,
Qu'il vauldroit mieulx employer sa jeunesse
Pour avoir cerfz à force ; car jeu n'esse
De poursuyvir biches blanches, qu'on sent
Change chercher, quant la ruse y consent ?
    Si on enquiert que depuis il advint
Touchant l'arrest, des tesmoingz y a vingt
Qui pevent sçavoir ce qu'en fut dict & faict,
Et s'il sortit plain & entier effect,
Car de ma part n'ay riens mys en ce livre
Fors ce qu'ay veu, & vueil bien qu'il se livre
Devant chascun qu'il vouldra l'acueillir,
Pour si petit de bien qu'ay à cueillir,
Se mal y a je requier qu'on l'efface,
Et qui sçaura mieulx faire, qu'il le face.

Mieulx que pis.

*L'apparition du Mareschal sans reproche,
  Feu Messire Jaques de Chabannes, en
  son vivant Mareschal de France, faicte
  par ledict Cretin.*

 ORS que Phebus travaillé du long
    cours
Par luy couru print repos & recours
A ce baigner en mer Occidentalle,
Y resconsant sa lumiere totalle ;
Celle arriva, nommée obscure nuict,
H iiij

Contraire à l'œil des perſonne de nuiſt,
Aux animaulx errans avec elle,
C'eſt celle la qui de ſes noires aelles,
Feiſt cel exploiſt ſans ceſſer de voller,
Que umbre eſtendit & tenebres en l'air,
Mais pour le temps eu Cinthia la belle,
Scur de Phebus que Dyane on appelle,
En ſa couleur argentine prent ſoing
De gouverner le ciel, pour au beſoing
Donner ſecours à ſon frere laſſé,
Cela va bien tel lien enlaſsé
Se treuve joinſt d'amitié naturelle
Qu'elle eſt pour luy, & luy auſſi pour elle.
   Auſſi ſont ilz engendrez, dit-on d'eulx,
De Juppiter & Lathona tous d'eux.
Si quelc'un veult demander où quiert tendre
L'exorde tel, c'eſt pour mieulx faire entendre
L'eſtrange cas & divers encombrier,
Baſty de nuyſt en ce moys de Febvrier,
L'an mil cinq cens vingt quatre, où ſe raporte
Que cediſt moys effeſt lugubre porte,
Parce qu'en luy ſacrifice à Pluton
S'eſt veu offrir, dont la voix rend plus ton
Aigre que doulx, quant fureur & groſſe ire
Font corps humains pour ſacrifice occire,
Et qui pis eſt des ames grande part,
Proye, & butin audiſt Pluton départ,
Comme s'il euſt ſeure & ample puiſſance
Le tout renger en ſon obeiſſance.
   Or pour entrer au prétendu propos,
Ce ſoir penſant mettre à port de repos
Mes eſperitz, contemplay quel augure
Le cours du ciel, l'eſtat & la figure
Nous deſignoit, & aprés calculer,
Seul à part moy les aſtres ſpeculer,
Et livres lire à toute diligence,

Je treuve Mars & Mercure en regence
De la figure, & pour l'an gouverneurs,
Dominateurs des guerres & Seigneurs,
Non regardans moyens d'accordz honnestes,
Par nul aspect d'amiables planettes,
Mais adjouftans fiel aigre, & fort venin;
Car Juppiter, Venus, ne aftre bening
Ne mitigeoit la fureur fi extrefme
De Mars, eftant en fa maifon feptiefme
Conftitué, & lors en l'afcendant,
L'ung menaçoit devoir eftre attendant
Ruyne apperte, & defecte notoire,
Et à celluy promettoit la victoire,
Qui bien fçauroit à heure, lieu, & temps
Armes charger, & foubz fignes patens
Donner l'alarme en ordre taciturne.

Pareillement veiz Mercure & Saturne
Chaultz & bruflans caufer difcenfion,
Hayne, & débat, faifant excution
En leur maifon fixiefme, qui bataille
Signifioit de rude & fiére taille.

Ces chofes la congnoiffant en refpect
Fort perilleux, doubtay du cas fufpect
A fort futur furvenir male eftraincte;
Parquoy gifant entre terreur & crainte,
Lors que penfoye à l'aife repofer,
Force me fut fur l'affaire pofer
Difcention vers la part fenfitive,
Intellective, & ymaginative,
En quoy reçeu plus travail que d'esbat,
Car au conflict fe leva tel débat,
En recordant les malles adventures
Des ans pafsées, prefentes, & futures;
Que trifte dueil vers moy fur l'heure vint,
Et amena quant & luy plus de vingt
Divers propos d'eftrangeur indicible,

Si que longtemps me fut chofe impoffible
Sçavoir donner comme ceulx qui font nudz
D'ennuyeulx, dueil, & posé que Sompnus
D'eau de Lethé & pavot compofaft
Ung dormitoire, & fur moy le pofaft,
Tel penfement troubla ma fantafie,
Que demouray ainfi qu'en extafie,
Moytié dormant, & à demy veillant.
    En tel penfer longuement travaillant,
Fort redoubtay noftre Françoyfe armée
Dela les montz deçeuë eftre & charmée
D'art cauteleux, dont arrivaft mefchief
Sur noftre camp, tant aux membres, que au Chef;
Car nation Caftillane cofte elle,
Aux armes prend frauduleufe cautelle;
Difant que force a fon utilité,
Bien à tard vault tant que fubtilité.
    Ainfi perplex foubz telle incertitude,
De l'advenir ayant folicitude,
D'ennyuz profondz aprés virer, tourner,
Tendant ailleurs mon penfer deftourner,
Comme travail en cas pareil laffe homme,
Je m'endormy par pefant & long fomme,
Où apperçeu plus de dix vifions,
Dont n'ay foucy faire divifions,
Les reputant comme de nul' eftime,
Sans y trouver caufe bien legitime,
Pour mon efcript devoir icy endroit
Mettre en avant fur ce; mais qui vouldroit
Fonder propoz en raifon naturelle,
Quiconque foit, pourroit trouver fur elle
Facilement, fans contradiction
Seure doctrine en la tradition
D'autheurs divins, interpretes des fonges,
Non rapporteurs de frivolles menfonges,
Tenans pour vray fonges venuz & faictz

Au premier fompne eftre de nulz effectz ;
Et trouvent plus telz fonges que font hommes,
Devoir nommer infompnes & fantofmes ,
Veu que l'efprit eft en fubgection,
Tout occupé à la digeftion
Sur l'object prins des chofes diurnalles ,
Dont ne congnoift les fortunes finalles ,
Et n'a povoir jufques au poinct venir
Juger le vray des chofes advenir ,
Ce que pourroit eftant à plain délivre
D'oppreffion qui obftacle luy livre ,
Car le poulmon adonc par actions
De fes vertus & operations ,
Caufe exercer foliciteufes cures ,
Qui eft tout plain de petites figures
Comme mirouers & yeulx , obftant lefquelz
Noftre efperit des troubles alleguez
Eft libre & franc , mais qu'en luy ne fe augmente
Solicitude encor plus vehemente ,
Et peult avoir la domination
De mieulx vaquer à divination ;
Et , comme ont dit Philozophes notables ,
Mefmes Platon , des chofes veritables
Peult-on au vraye & de certain fçavoir
Le jugement , & congnoiffance avoir ,
Au fecond fompne auquel l'homme s'encline ,
Quant le dormir du premier fe decline.
   Ainfi donc veu & regardé ce que ont
Au long efcript du premier & fecond
Aprés porter pefant faix & grant fomme
De long travail , j'entray au fecond fompne ,
Où mon efprit delivre & bien difpoz
A prendre vray & naturel repoz ,
Parce qu'eftoit la digeftion faicte
Du premier fompne ainfi que l'homme affecte.
   En ce dormir , comme il me fut advis ,

Droit devant moy apparu vis-à-vis,
Soubdainement la statuë & ymage
D'homme semblant avoir reçeu dommage
Fort excessif en cueur, & mais au corps,
Ainsi que aprés congneuz par ses recordz,
Dont le recit cueurs contristez aggrave,
Ce corps estoit d'elegance moult grave,
Et bien sembloit Chevalier de hault pris.
Qui de douleur se sentoit fort espris,
Et nonobstant la débile foiblesse,
Sa majesté d'heroïque noblesse
Maintient portoit de vertueux effors ;
Armé estoit de toutes pieces, fors
L'armet sans plus ; mais tout confict en larmes.
Lors s'appuyant sur une hache d'armes,
Gectoit sangloux, gemissemens parfonds,
Et gros soufpirs, comme s'il eust au fons
De l'estomach venimeuse apostume
D'extreme dueil, & doulente amertume.
  Considerant l'estrange vision,
A peine seuz donner provision
De m'assurer ; car c'estoit lamentable
Spectacle à veoir, & trés espouventable ;
Si me pensay, pour remede y trouver,
Et amplement ceste chose esprouver,
Que vision venant de part maulvaise
Au commencer donne semblance de ayse,
Et au partir tristes & desolez
Rend ceulx qu'avoit à l'entrer consolez ;
Mais au contraire, & tout à l'opposite
Faict le bon ange envers ceulx que visite,
Car au venir il leur donne terreur,
Et au départ les gecte hors d'erreur,
Si qu'en la fin jamais aulcun ne laisse,
Qu'il n'aye au cueur confort, joye, & lyesse.
  En ce penser gectay crainte à l'escard,

Et affeure peu à peu mon regard
A contempler ce noble perfonnage,
Que bien jugeay en la fleur de fon aage
Avoir efté digne d'acception,
Pour mettre exploict à execution;
Si me donnay merveille voyant eftre
Homme affligé, de taille fi adextre,
Et encor plus m'esbahy du grant dueil
Qu'il demonftroit porter du cueur & d'œil;
De fang meurdry qui couleur vive efface,
Meflé en pouldre avoit les yeulx & face,
Barbe & cheveulx à monceaulx tortillez,
Et qui les euft foullez & petillez
A coups de pied, ou fait aux ongles tordre;
Je croy que pire à peine tinffent ordre.
    Quant je le veiz fi trés mal acouftré,
Tant affoibly, & comme prefque oultré,
Bien eftimay qu'il avoit eu affaire
A gens de cueur, & en ung gros affaire
Puis peu de temps reçeu quelque mefchief;
Lors m'esforcay contempler de rechief
Son port, maintien, maniere, & ordonnance;
Et fes façons; & à la contenance
Que adonc tenoit fi pefant, trifte, & las,
Je recongneuz que c'eftoit; qui? Helas!
C'eftoit le bon Chevalier fans reproche,
Celluy qui oncq' en bataille & approche;
Courfe, ou affault, vifaige ne tourna,
Ne fon deftrier du droict cours deftourna,
Pour reftrifver, & lafche fuyte prendre.
Le nommeray-je? impoffible eft fans rendre;
Et faire à tas fource de pleurs aux yeulx,
Si que mon cueur lamente avecques eulx,
Et fondamment le fien courroux larmoye
A démonftrer combien fort je l'amoye,
Diray-je qui? befoing n'eft dire, non;

C'eſtoit celluy Chevalier de renom,
Vaillant & preux, Mareſchal de Chabannes;
C'eſtoit celluy qui ſoubz tantes & bannes
Coucher au champ avoit continué.
Dont ſe trouvoit trés fort attenué,
Lors le voyant ſi triſte & remply de yre,
Ces propres motz luy commencay à dire.
Ha! Chevalier, qu'elle guyde & convoy
Vous ont mené au poinct où je vous voy
En ply & train de piteuſe maniere;
Las! ce n'eſt pas celle chiere planiere
Par vous tenuë en combatz & tournoys;
Lances briſant, & enfonçant harnoys,
Où loz & pris euſtes en mainte jouſte;
Tel n'eſtes vous, s'il fault que ung mot adjouſte;
Que quant le Roy Charles Huyſtieſme quiſt
Bruyt floriſſant, lors que terres conquiſt,
Et meſmement la Neapolitaine;
Ores avez celle gloire haultaine,
Que euſtes en port de renom triumphant;
Cueur de lyon, & force d'elephant,
Monſtrant avoir au retour d'Italie
Par pluſieurs fois face terne & palie
N'euſtes adonc, quant par faictz glorieux
Receuſtes l'heur d'homme victorieux,
Dont on pourra enrichir les hiſtoires
Des voſtres tant glorieuſes victoires

    O! noble preux, dont viennent telz deſroys
Qui tant avez en l'affaire des Roys
Bien exercé l'œuvre d'art militaire,
Doibt-on l'honneur d'ung tel amy luy taire;
Et meſmement au temps comme eſt ceſtuy.
Las! Monſeigneur, dit-on point que ſoit huy
Cas advenu en Henault ou Bourgongne,
Portant peril de dommaige en Vergongne,
Et que ſoyez cy acouru en port

De nous donner secours, ayde, & support;
Ou que dela les montz soit advenuë
Ces jours passez malle desconvenuë,
Ou encombrier, qui vous ayt fait venir,
Pour ordonner des choses advenir ;
Tant vous ay veu d'elegante facunde,
Tant bonne grace en parolle feconde,
Tant bien parlant, si trés audacieux,
Touchant l'honneur du Roy fort soucieux,
Bien du Royaume, & la chose publique ;
Je n'ay congneu guere homme de replique,
Qui moins voulsist le vray dissimuler
Quant la raison emprenoit stimuler
Vostre grant cueur & excellent couraige.
Dont vient cecy ? est tumbé quelque oraige
Ores sur vous, ou fort malencontreux,
Qui tant avez le visaige pouldreux ?
Je vous supply ouvrez ung peu la bonde
De vostre cueur qui en tel dueil habonde ;
Et si je puis d'ennuy vous soulager,
A mon povoir le vouldray alleger ;
Bien congnoissez l'apostume ouverte
Estre allegée à l'heure qu'est ouverte.
Aussi le dueil quant il est descouvert,
Soulagemeut pour l'heure a recouvert,
Descouvrez moy s'il vous plaist ce qui presse
Vostre estomach est d'ennuy tant oppresse.
    A tant getta ung merveilleux souspir,
Assez pour faire homme tost assoupir,
Lors tout esmeu, ainsi qu'on se parforce,
La bouche ouvrit en voix basse, & par force
Met en avant parolle en motz exprés,
Selon qu'ilz sont contenuz cy aprés.

CHABANNES.

Homme suyvant laborieuse estude ;

Qui quiers sesjour en lieu de solitude,
Sans prendre à gré ton coustumier repos,
Pourquoy n'as-tu aultre solicitude,
Que tant cercher avoir la certitude
Des cas recentz mis en secretz depostz ?
Se j'ay eu corps, & membres bien dispotz
Armes porter, & conduyre suppostz
Du puissant Mars en telle promptitude,
Que sans doubter la fureur de Atropos,
Aye acquis bruyt ; si n'y-a-il propos
Me dire exempt de fiere amaritude.

 N'as tu dequoy coucher en tes escriptz,
Fors hault, louer le bruyt dont me descripz
Estre doué, pour avoir mys en gaige
Corps, vie, & biens, faisant clameurs & cris,
Plainctes, & regretz d'ennuyeux dueil aygris,
Voyant l'excés qui menu peuple engaige ?
A l'orateur & poëte duist langaige,
Mais de parler ainsi que oyseau en caige,
Si franchement en ce que tu escriptz,
Qu'en trop parler y a beaucoup bagaige ;
Et ne fault point que jeunesse allegue aage,
Se aprés beaulx ditz sont les effectz par escriptz.

 Parler disert & beaulté corporelle,
Soubz vanité & gloire temporelle,
Volent au vent du desir curieux
Que onq' n'estimay, ains poursuivy querelle
En la vertu d'hommes preux, & par elle
M'exercitay aux faictz laborieux
Et actes grans, de trop est glorieux
Le refusant disposer cueur & yeulx
A equité de raison naturelle ;
Beaulté ne faict l'homme estre industrieux,
Ne son parler le rend victorieux,
Sans bon effect deméure à la berelle.

 Je ne dis pas, à bien considerer

Le

Le faict d'ung Roy, s'il entend moderer
Son dire aux fins & mettes de prudence,
Qu'il ne luy soit convenable adherer
A sy beaulx dons, & les reiterer,
En faire octroy divine providence,
Mais s'il est veu de legiere credence,
Et jeunes folz qui tiennent residence
Auprés de soy le causent alterer,
Par vaine & folle adulée evidence,
Dangier y a qu'il tumbe en decadence,
Et que beaulté le face adulterer.

Belle parolle au grand Prince est fort bonne,
Luy siet & duict comme à une Esclavonne
Riche fourreau, ou à coursier de pris
L'acoustrement de bardes qu'on luy donne,
Si doibt monstrer que à bon exploict se donne,
Et qu'en vertus heroïque est apris,
Sans se vanter des affaires que ayt empris
Pour blasmer ceulx qui vers luy ont mespris ;
Trop de legier son parler ne habandonne,
Car d'estimer ennemys à despris,
Assez sçavons que mal nous en est pris ;
Par vent d'orgueil l'ordre se desordonne.

· L'ACTEUR.

Aprés ces motz mon triste cueur troublé
D'excessif dueil se trouva redoublé,
Car congnoissant si vaillant Capitaine
Si fort navré, conjecture certaine
Me ramena claire exhibition
Devant mes yeulx de la suspition,
Crainte, & frayeur que paravant avoye ;
Ha ! die-je lors, puisque ja vont en voye
Telz Chefz de guerre, & sont si fort batus,
Aultres plusieurs doibvent estre abbatus.
Dont pour avoir plus ample demonstrance

I

De ceste chose, ainsi ravy en transe;
Sur ce propos commençay à dresser
Ceste parolle, & à luy adresser.

Mon bon Seigneur sy hardiesse ay prise;
De une reprise entendre mieulx voz dictz,
Excusez moy de ceste folle emprise,
Lourde surprise a ma pensée esprise,
Où n'est comprise espreuve en haulx edictz
Des intendiz & propos qu'avez dictz;
Ung entre dix ne sçay au vray comprendre,
L'ignorant doibt avoir soucy d'apprendre,
Sur quoy vous faictz de repetition
Petition, pour gecter hors l'emprise
Du mal que j'ay; car la suspition
D'affliction, ou putrefaction
D'affection, me donne amere esprainte,
Par grosse crainte est huy ma vie abstraincte
Avoir l'estraincte ou malheur doy-je ouyr,
Cueur si estrainct ne se peult esjouyr.

J'ay couleur palle, & n'est pas de merveille;
Dueil me resveille en train de mal avoir,
Plus que jamais horreur mon cueur travaille,
Et m'appareille une pulce en l'oreille,
Dont n'est pareille à tout ramentevoir,
Je quiers sçavoir ce que redoubte veoir,
Et crains pour veoir d'infortunes fort une;
Force n'a lieu contre sort de fortune.
Lors répondit

CHABANNES.

Pleust ores au createur
N'estre jamais par toy n'autre orateur,
De l'infortune escripte l'omelye,
Ne entenduë, aussi la pesanteur
De sy lourt faix, & que nesung autheur
Extraire sçeust telle contumelie,

Ains la memoire y fust enfepvelie
Quant & le corps occis, ou tant vieillie;
Que oubly gettaft au loing d'œil & de cueur
Le fouvenir, & la part affaillie
Blafme n'en euft; ainfi feroit faillie
Honte au vaincu, & la gloire au vainqueur.
 Tu dis avoir horreur, & vehemente
Sufpition que orageufe tourmente,
Tumbe en hazard de griefve enormité,
Croy fe ton cueur pour ce mefchief lamente,
Que la mifere horreur en mon ame ante
De racompter cefte calamité;
Or font prouefle de magnanimité,
Par l'infortune hors leur fublimité,
Dont crains que loz aux Françoys fe defmente;
Mais de ma part ay le vol imité
D'homme immortel, veu le cas limité,
De plus mourir crainte en moy ne s'augmente.

L'ACTEUR.

 Les motz ouyz je me prins à fremir,
Pallir, trembler, foufpirer, & gemir,
Tant que mon cueur provoca l'œil à larmes,
Penfant noz gens, par furieux alarmes,
Avoir reçeu en ce facheux climat
De Lombardie, ung lourt efchec & mat;
Lors lamentant de voix caffe & tremblante,
Comme fe bien la voulfiffe eftre emblante,
Sans raifonner finon en lieux fecretz,
Je commençay faire plaintz & regretz,
Car ma douleur eftoit fi angoyffeufe,
Que fe la bouche euft efté pareffeufe
Vuyder le dueil qui tant avoit grevé
Mon trifte cueur, je croy qu'il fut crevé;
Ainfi efmeu par amaire deftreffe,
Devers Milan print ma parolle adreffe.

Milan mauldict
En faict & dit
As foy perverse,
Sans seur edict
Faitz contredit
A la traverse
Ton vouloir verse
Pour estre adverse
Au bien de paix qu'as interdict,
Prince te trouvant si diverse,
N'a bon conseil qu'il ne renverse,
Abysme & confond ton credit.

Soubz ton faulx stille
France distille
Somme d'argentz,
Et apostille
Maniere hostille
De perdre gens,
Par les artz gentz
Rend indigentz
Mangeans fruictz en terre fertille,
Mais noz gouverneurs & regentz
Furent d'avoir trop diligens
Pays à eulx trop inutile.

Quant armes pris
Nature a pris
De la serpente,
Ayant surpris
Sang d'homme a pris
De mort repente,
Qui motz charpente,
Et voye arpente,
Allant vers toy le tout compris,
Nul y va qui ne s'en repente.

Car vie & bien met en ſouppente
D'eſtranges & mortelz perilz.

Quantz perſonnages
Faitz perdre en aages
D'hommes parfaitz!
Quantz gros meſnages
De haultz lignages,
Rendz tu deffaictz!
Revoltes fais
Et portes faix
Et parciallitez lignages
En uſant de malings forfaictz
Tes faulx appetitz ne reffais,
Si non que au ſang des humains nages.

Tu romps accordz,
Et grans diſcordz
Metz en frontiere,
Sans ſonner cors,
Fais tendre gortz
En la ratiere,
Rayſon entiere
Donne matiere
Te declarer par ces recordz,
De la grande Europe heritiere,
Comme ſepulchre & cymetiere
Où s'enterrent infinitz corps.

Et qui la queſte
De ma requeſte
Bien entendra,
Compte d'enqueſte
Sur ſa conqueſte
Ja ne tiendra;
La beſte hydra
Luy apprendra,

Que aprés te coupper une teste,
Nombre de sept ne contiendra,
Car, comme Hercules, feu mettra
En toy, pour fin de la tempeste.

Malle Cité,
Que cecité,
A dominée,
Necessité
M'a excité
Te veoir mynuée
Examinée
Et ruminée,
Nostre presente adversité,
Je te soubzhaite exterminée,
Veu que ainsi es determinée,
Le monde rendre à vers cité.

Sans avantaiges,
Ceulx qui ont coustaiges
Trop plus que moins,
Qui en ostaiges
D'eulx misrent aages
Et leurs germains ;
Pour ce Rommains,
Ont par les mains
De Scipion, destruict Carthage,
Qui pareilz maulx leur faisoit maintz ;
Plaise à Dieu que ung de ses demains,
Le semblable ayes en partaige.

Bien sçay autheurs
Et precepteurs
Avoir escripte,
Des erecteurs
Tes directeurs ;

L'ordre est descripte ;
Pour l'introïte .
Te tient construicte
Des François tes progeniteurs ;
Tenans par la raison instruicte ,
Que tu ne doibs estre destruicte
Par eulx tes premiers fondateurs.

Mais l'evidence ,
De providence ,
Rommains predictz ,
Eurent credence
De grant prudence ,
En faictz & dictz ;
Eulx qui jadis
Furent natifz
D'Alba cité & residence
Par ses superbes contredictz ;
La misrent aux poinctz interdictz
Et ruyneuse decadence.

L'escript pourtant
Albe est portant
Originée
D'Escaigne , estant
Y habitant,
Le filz Enée ;
Par sa lignée ,
Fut Romme aornée
De noblesse, Mais l'inconstant
Cueur d'elle sa chance a tournée :
Ainsi seras tu atournée
Lombardie , & m'en tais à tant.

Aprés avoir ma parolle posée ;
Et que entendis la chose proposée
Sur le recit de ce malheur divers ;

Geßa sur moy son regard à travers,
D'estrangetez à peine non creables,
Comme s'il n'eust mes propos aggreables,
Mais les voulsist tenir pour comptes nudz,
Selon ces motz cy aprés contenuz.

CHABANNES.

Tu ayans completz ans où viellesse passea age,
Tes termes desplaisans ne te monstrent pas saige,
Milan par ton messaige affectes de bruyne
Mettre au dernier passaige, & totalle ruyne.

Ton propos ne contient equité raisonnable,
Mais selon droit qu'on tient seroit chose damnable,
Ville, & abhominable armes executer,
Pour terre convenable ainsi persecuter.

Que peult mes Lombardie à ce que Princes ont
Cupidité hardye, & ambicieux sont,
Se grosse guerre font, & ardeur les attise ;
Maint homme se morfond au feu de convoitise.

Quant deux fondent procés pour maison en leur
terre,
Se fera tel exces que sentence l'aterre,
Et que Juge tant erre une place abolir ?
Jamais ne prendroient erre ainsi la desmolir.

Mais s'il veoit l'espreuve equalité au droict,
Et chascun eust faict preuve ample en son endroit,
A l'ung pourroit juger le lieu sans fraude aucune,
Pourveu que l'autre auroit recompense en pecune.

Ung Prince ayant Province, & est la main tenant
La perdre ains qu'on l'esvince ; or respondz main-
tenant,
Seras-tu soustenant que tel homme desserve
Luy estre appartenant le bien qu'il ne conserve ?

Chascun doit regarder selon droit de nature
Son bien propre garder, ou trop se desnature ;

En la saincte Escripture avons ample sermon
De la judicature au saige Salomon ;
   Vers luy pour ung enfant deux femmes font
      querelle,
L'une sa mort deffend par pitié maternelle,
L'autre comme cruelle au glaive l'habandonne,
Mais raison naturelle à sa mere le donne.
   Quant ung vouloir lasche ose en Royaulme ou
      Empire,
Divis faire à la chose, en sorte qu'elle empire,
Il se soubzmet en pire accident mortelle que onc-
      ques ;
Jamais donc nul aspire abolir lieux quelzconques.
   Si ne dis pourtant pas estre bon ne licite,
Qu'on soit loing transportant le Françoys exercite,
Car pays où s'excite aigre inconvenient,
Bien souvent necessite aller tout à neant.
   Nostre mere nature a mys le contrepoinct
Des Alpes, pour closture & limites à poinct,
Desir maint homme espoinct passer les montz en
      ordre
Qui retourne en pourpoinct sans apporter à mordre.
   Entre la Lombardie & France y a murs seurs,
Parquoy fut cornardie à nos prédecesseurs,
Voulans estre agresseurs, rompre telles murailles,
Veu qu'ont les transgresseurs piteuses funerailles.
   Gestes de Romme leuz, se peult assez entendre,
Que à Remus Romulus ne eust le vouloir contendre,
Respit de mort extendre, obstant que traverser
Voult sa cloufture, & tendre à l'edict transgresser.
   Sur les murs ne passa, car lors nul n'y avoit,
Mais l'ordre trespassa de ce que bien sçavoit,
Tout ce que clos veoit, palays, maison & ruë,
Sans plus marqué trouvoit au soc de la charruë.
   La Vestale sacrée Ilya les conçeut
Tous deux d'une ventrée, & de Mars les reçeut ;

Dur cueur Romulus eut , faifant fon frere occire ;
Car amolir ne fçeut ainfi que au feu la cire.
    Nature donc commune ouvriere en hault
        ouvrage ,
Impofa loy commune en ces montz de parage ,
Monftrant que tel orage eft crime capital ,
Mettre cueur & couraige à gaigner l'hofpital.
    Brennus Duc des Gauloys , felon l'efcript
        antique ,
N'eut bon regard aux loix de nature autentique ;
Premier fut qui practique Alpes paffer emprint ,
Enfin fut fantafticque, & trés mal luy en print.
    Fiction nebuleufe Hercules prévint ; mais
C'eft chofe fabuleufe , il n'y paffa jamais ,
Ces geftes portent metz du tout confitz en mente ;
A gens fçavans remetz qu'on l'appreuve ou
        defmente.
    Ce Brennus en fureur , & tempefte premiere ,
Efperant futur heur , mift armée en lumiere ;
Fortune eft couftumiere homme eflever d'ung
        traict ,
Puis tel feu en fumée abat , tourne , & attraict.
    Alvifium obtint contre les Thufciens ,
Grande victoire obtint , proye à luy & aux fiens ,
Par livres anciens affez on nous racompte
Ses faictz practiciens , dont la fin faict le compte.
    Sur le fleuve Alya , par fureur inhumaine,
A force humilia la puiffance Rommaine ;
Lors aigreur le pourmaine à faire tout razer
Des Rommains le dommaine, & par feu l'embrafer.
    Oultre plus ce fier homme eut defir opprimer
La nobleffe de Romme , & fon nom fupprimer ,
Lors fit , pour imprimer fes malignes practiques ,
Senateurs comprimer, & magiftratz antiques.
    Eftans en leurs maifons & curulles d'yvire ,
Que cabinetz difons, pleins de biens à fuffire ;

Fureur qui eschauffe yre , attira fiers paillars ;
Et glaive à desconfire ces honnestes vieillars.
    Quant il eut soubz fortune attainct la summité
De plaisance opportune , en toute extremité,
Nature a limité son bien en indigence ,
Peine , & calamité , prenant de luy vengeance.
    De telle austerité trés fort fut courroucée ,
Que la posterité Françoise avoit dressée
Par la voye adressée à chemins tors & durs ,
Et sa loy transgressée , en rompant si haultz murs.
    Elle encor non contente , en l'arrest diffiny
Le jugea sans attente estre du faict pugny ;
Camilus lors banny de Romme en foy fermée ,
D'armes , & gens fourny , luy deffit son armée.
    Chassé du Capitolle il fut au cry d'une oye ;
Plusieurs fortune extolle , & aprés s'esbanoye
Les payer en monnoye ; aux saultz on prent esbatz,
Qui doibt pendre ne noye , ou gibet flotte bas.
    En dueil tourna sa chance , & tant de cueur que
        de yeulx ,
Pour plaisir eut meschance & d'heur fort tedieux ,
De couraige odieux , sans doubter la fatalle ,
Print és Temples aux Dieux la richesse totalle.
    Tantost aprés luy aux champs en bataille rengée,
Fut de glayves trenchans l'injure aux Dieux vengée,
Pour avoir main plongée au sang d'iceulx Rom-
        mains ,
Sa vie eut abregée de ars plus divins qu'humains.
    Nombre suyvant des folz , ne contenta d'hom-
        maige
Apollo en Delphos , mais luy porta dommaige ;
Applicquant son dismage au sien privé proffit
Par ce furtif lymage , il en fut desconfit.
    Au fort de la bataille Apollo tint en l'air
Flesche en l'arc , & dit ; Aille où elle doibt aller;
Juppiter feit gresler , & fendre gros tonneres ;

Par les temples piller tout ainſi prent-on erres.
    Ce Brennus inhumain, ſans eſpoir de ſubſide,
Tenant le glaive en main, affin que par mort ſe ayde,
Fut de luy homicide ; ainſi du malheureux,
Le procés ſe decide, & arreſt doloureux.
    Quant force, yre, & fureur de Dieu appaiſeront,
Et Princes ſans erreur enſemble paix auront,
Quant de excés ſeront purgez les Sodomites,
François lors ceſſeront tranſgreſſer leurs limites.
    Quant les humains en terre entendront deffier
Diſcord qui paix enterre, on peult certifier,
Pour Dieu pacifier, qu'il fault délaiſſer vice,
Et ſe purifier, en luy faiſant ſervice.

L'ACTEUR.

De telz propos, où ſes raiſons fondit,
Mon foible ſens à peu prés confondit ;
Car ſon parler démonſtroit promptitude,
Avoir longtemps ſuyvy labeur, l'eſtude ;
Dont ſenty cueur, vouloir, & parler preſtz
Dire les motz recitez cy aprés.

    Preux Chevalier, ſans doubte bien ſçavoye,
Et ja pieça la congnoiſſance avoye
Comme ung enfant à proffiter ſe avoye
Qu'en jeunes ans prinſtes ſentier & voye
        D'homme elegant,
    Et que deſlors ſçeuſtes eſtre allegant
Langaige doulx, non eſtrange, arrogant,
Ne hors propos de train extravagant,
        Mais l'eloquence,
    Dont aux vivantz modernes la ſequence,
Tant plaiſt l'entiere & bonne conſequence,
Que contenter ne me puis, ſi non qu'en ce
        Face eſveiller
Mes eſperitz à eulx eſmerveiller,

Confiderant combien que au travailler
Euftes vouloir de jour & nuict veiller ,
Train d'armes prendre ,
Et le meftier de la guerre comprendre ,
Pour quant & quant fçavoir lettres apprendre ;
Dont enquerir à grant peine ofe emprendre
Comme avez quis
Si long travail , ayant ces dons acquis ,
Comme eftre tant en faictz d'armes requis ,
Et reputé tenir termes exquis
De rhetoriques ,
Dont la practique avez & theoriques ,
A decider fentences Platoniques
En imitant difciplines Stoïques.
Adonc me dict ;

CHABANNES.

Note & retiens parler qui contredit
A la raifon , fe tient pour interdit
Eftre fçavantz , & n'obtiennent credit
Louenges telles.
Vous orateurs tenez en voz tutelles
Suafions & fubtilles cautelles ,
Où Princes font efcoutantz de cofte elles
Relation
De flaterie & adulation ,
Et fuis d'advis que , fans dilation ,
Ceffez ufer par cavillation
De cefte forte ;
Et puis que ainfi matiere fi y afforte ,
Icy endroit affiert que je t'exorte ;
De tous humains fault que l'ame s'en forte
Du chetif corps.
Or a il pleu à Dieu mifericordz ,
Mon efperit getter hors les difcordz
De chair pefante , & par tant eft recordz

Des indicibles
Haultes raifons comme incomprehenfibles,
Qui aux mortelz font come chofes impoffibles,
S'ilz n'ont laiffez empefchemens fenfibles
Acouftumez.
Lors font vivans ceulx que mortz extimez,
Jaçoit que mort leurs corps ayent abyfinez,
Et aux cercueilz de vermine inhumez,
L'ame ravie,
Eft hault ou bas, & tousjours aura vie.

L'ACTEUR.

De crainte efpris, & ftimulé d'envie,
Vouluz fçavoir ains parolle affouvie,
Comme ung corps mort povoit ainfi parler,
Aller, venir, & fonner voix par l'air;
Mais pour autant qu'il demenoit matiere,
Où defmonftroit affection entiere,
Ne l'empefché fuyvre fon haranguer,
Je differay fur ce l'interroguer,
Pour l'efcouter parler felon la forme
Que cy aprés le recit vous informe.

CHABANNES.

Or pluft à Dieu que France n'euft dommaige,
Fors à ma mort, veu que de vieil homme aage
Pafsé avoye hors povoir vigoreux,
Comme celluy portant poil & plumage
De gris meflé, pour naturel hommage
Rendre en tribut caducque langoreux;
Mais au conflict du combat malheureux,
Où mort a pris de France lourt difmage,
Les corps font mortz, humains priez pour eulx
Qu'il plaife à Dieu de gouffre tenebreux
Ames garder faictes à fon ymage.

Ainſi que à Romme au hault d'ung des ſept
    montz,
Vielz cheſnes ſecz on voit, où tous les noms
D'hommes vaillans furent pour leurs victoires
Par branches mis d'enſeigne, confanons,
Grands eſtandars, auſſi des preudes homs
Les evidentz ſignes & repertoires;
Auſſi jadis actes executoires
Me obtindrent lotz de proueſſes notoires;
Suyvant gens pleins de glorieux renoms;
Mais plus n'eſtoye en ces bas territoires
Pour faire exploict d'aulcuns faictz meritoires;
Grande jactance au deceder n'aymons.
    Mais las! penſant à l'extreme intereſt,
Que voy venir, duquel à doubter eſt
Grande ruyne en France faire approche,
Veu que l'accés evident apparoiſt,
A mes regretz ne puis donner accroiſt,
Car l'adventure aſſez ſe monſtre proche;
Le cueur eſt dur plus que pierre de roche,
Qui ne ſe deult de l'eſtrange & aſpre oche
Dont mortel glaive, & par divers appreſt,
Trenche le fil de vie, & couppe broche
A ce vaillant Chevalier ſans reproche
De la Trimolle, aux armes prompt & preſt.
    Il fut de ceulx auſquelz Mars communicque
L'art militaire, & le tint comme unique
Filz adopté, rendant exercitez
Ses ſens en port d'homme non mecanique;
Ains de grand cueur, ſelon qu'en la cronique
Devront ſes faictz eſtre au long recitez,
Veu qu'il a tant jeunes gens excitez
Suyvre les oſtz par Villes & Citez,
Trop euſt eſté vers luy nature inique,
Si quant & ceulx de vieilleſſe citez
Fuſt mort en lict, gens à guerre incitez

Doibvent mourir en tel acte bellique
   Puis qu'il eft mort vaillamment & appris,
Semblables loz que acquerir ont apris
Tant gens de bien là occis que on regrette,
Pour luy n'affiert mettre larmes à pris,
Mais cueurs François au feu d'amour efpris,
De leur pays facent plainĉte fecrette,
L'yre de Dieu, comme il femble, decrette
Geĉter fureur fur eulx en briefve traiĉte,
Pour les ingratz pugnir de leurs mefpris;
Car nefung veult d'excés fonner retraiĉte,
Parquoy rigueur de juftice attraiĉte
Ruyner ceulx de juftice repris.
   A coups de lance & dur trenchant d'efpée,
La fleur de France a efté decouppée
Piteufement jufques dedans fon fort,
Des corps occis eft la terre occupée,
Par nation ennemye ufurpée,
Sans peu efpoir de reffourfe & confort;
L'Admiral mort, le bon Duc de Suffort,
Le Marefchal de Foez puiffant & fort,
Preux comme Heĉtor, Scipion, ou Pompée;
En ce combat feirent ceulx plain effort;
Mais par deffault de bon ordre & renfort,
Noftre armée eft rompuë & diffipée.

L'ACTEUR.

   Difant ces motz geĉta foufpirs & crys
Que de grant temps n'auroye au long efcriptz;
Pour ce luy dis; cefte defconfiture,
Fors en regret d'amaire confiture,
N'avez povoir narrer; mais, Monfeigneur,
Puis qu'il vous plaift tant m'eftre enfeigneur
Tenant propos de ce piteux affaire,
Je vous fupply' cefte grace me faire

Tout reciter ; ad ce que à l'advenir ,
Par mon escript tournent au souvenir
Des nobles cueurs ces choses doloreuses ;
Et en suyvant armes chevaleureuses
De vous & ceulx que avez icy nommez
Acquierent loz pour estre renommez,
Tant & si fort, qu'on employe escriptoires
Pour leurs beaux faitz racompter aux histoires.
Lors me va dire ;

CHABANNES.

Homme ayant cueur afflict,
Extimes-tu avoir de tel conflict
Rapport au vray par ceulx qui au combatre
Taschent l'orgueil de leurs hayneux abbatre ?
Mais penses-tu que souldars en combat,
Sur l'heure estans au mesme endroit que on bat ,
Où l'on s'efforce à grans coups tout pourfendre ,
Pensent ailleurs sinon à eulx deffendre ?
Croy pour certain que adonc ung combatant
Homme de bien n'est çà & là baltant ,
Mais seullement devant luy , & ne songne
Se ung aultre faict bien ou mal la besongne ,
Car il est tant empesché à son faict,
Que alors n'entend se par prouesse on faict
Ample devoir, ou si on s'entretaille
Touchant viser au fort d'une bataille.
Les yeulx Argus leurs regards là versans ,
Et linx aussi murailles traversans ,
Quant en maintz lieux bien attiltrez seroient ,
Et toutes pars leurs veuës dresseroyent ,
Si ne pourroit tant l'œil se dilater ,
Que bouche sçeust au vray tout relater.
Lors que ung gensd'arme armes & lance charge ,
Et se rencontre à la premiere charge ,

K

A croire n'eſt qu'il ſoit fort angoiſſeux
De baſteller, pour ſçavoir que font ceulx
Qui ja ne font gettez ſur groſſes troupes,
Ceux là entendz ayant miſes les crouppes
De leurs courſiers ou couardz extimez
Tournent avant que y preſenter le nez.
Oultre cela plus que aſſez gens eſtonne
L'artillerie, & d'une ſorte tonne,
Que c'eſt horreur bruyt ſi terrible ouyr ;
Poulſiere auſſi faiɕt les yeulx esblouyr,
Au choc donner lances, picques, halbardes,
Baſtons à feu ſur cuyraſſes, & bardes
Font cliquetis eſtrange, & fort rebours ;
Groſſes clameurs, trompettes, & tabours,
Hennyſſement de chevaulx, cryz horribles
D'effrayez ſons, & bruyt de cours terribles,
Au dur ſtrepit cauſent ſoubdain tranſport
De la penſée, en ſorte que au rapport
Avant parleurs pluſieurs fois ſe meſcomptent,
Quant l'exploiɕter des batailles racomptent.
En voz papiers vous aultres eſcripvez
Au ſeul recit des premiers arivez
D'une bataille, & proprement vous ſemble,
Que ont recueilly le faiɕt total enſemble ;
Ce qui leur eſt impoſſible, attendu
Que l'œil ne peult par tout eſtre eſtendu ;
Ceulx meſmement, dont glaive executoire
Gaigne & obtient triumphe de viɕtoire,
N'en font certaine ample expoſition,
Car cela giſt en diſpoſition
De la divine & haulte providence,
Non en l'aſtuce & humaine prudence.
Mais qui vouldroit fonder equalité
Entre les oſtz ſur l'ordre & qualité
D'armée à aultre, on pourroit gens attraire
Le bon juger devers la part contraire ;

Car le defordre & groffe effufion
Du fang François , monftre à confufion
Avoir efté noftre force affoiblie.
Premier ne fault que le recueil oublye
Des navrez lors fejournans à Milan ,
La fiebvre auffi de vigefne & mal an ,
De advis legier fi groffe compaignie
Separer quant & le Duc d'Albanie ,
Sans regarder que l'homme non contrainct ,
Trop embraffant à la fois peu eftrainct ,
Se en maintz lieux applique fon entente ,
A peine vient en efperée attente ,
Vertu unye eft forte en combatant ,
Plus que difperfe , or te fuffife à tant ,
Par infortune à malheureux jour née ,
Perdans honneur , chevance , & la journée ,
Non pour devoir les cerveaux efvanter
Des ennemys , jufques à eulx vanter
Qu'en cela gloire à eulx fe diftribuë ,
Mais à Dieu feul affiert qu'on l'attribuë ,
Lequel a mys en noz fouldars terreur
D'impreffion craintifve , & ceft' erreur
A faict plufieurs emprendre l'adventure
D'aller choifir au Thefin fepulture ,
Non fuyvans ceulx ayans jadis appris
Leur propre fang & vie mettre à pris ,
Plus defirans par honneur faire approche
De mort , que vivre à honteufe reproche.
Quant aux fuyans foyent vivans ou non ,
N'emporteront credit de bruyant nom ,
En la retraicte , où ilz ne furent que afnes ,
D'aller plonger dedans l'eau comme canes ,
Car en cela leurs lafches & vains cueurs
Ont redoublé hardiement aux vainqueurs ,
Et oultre ceulx par mort couchez en umbre ,
Ne c'eft trouvé gueres exceffif nombre

K ij

De prisonniers faisans ample devoir
En bataillant ; mais doy ramentevoir
Sainct Paul, Mouy, Montmorency, leurs bendes ;
Et mais Dauchy non courant les prebendes
Dictes *vat-en*, comme ceulx eslongnez,
Qui laschement ont fainct saigner du nez.
Voyla comment, par malheureuse fuyte,
La fleur de France a esté desconfite.

L'ACTEUR.

Tant plus mena ceste affaire ..n avant,
Et plus survint gros ennuy au devant
De mon las cueur, tenu en la commande
D'affliction, dont feis telle demande.

Helas ! Monsieur, durant ce deserroy,
En quelle part & ordre estoit le Roy ?
Se gecta-il des premiers en la presse,
Ou eslongnea l'aigreur de telle aspresse ?

CHABANNES.

Se Dieu voulsist l'avoir permis, ce fust
Pour les François rempar de bon affust,
Et s'il m'eust creu, si grande ne vint faulte ;
Mais la vertu tant magnanime & haulte
De son franc cueur, espris & feu ardant,
Sans estre au sort de peril regardant,
Voulut monstrer effect de prouesse ample ;
Et en ce cas s'esseya prendre exemple
A Hannibal de Cartaige, attentif
Aux coups donner, tousjours prompt & hastif,
Oultre tendant, pour loz d'heureuse marque,
Suyvre le grand Alexandre Monarque
Universel, & estre imitateur
Du vaillant, preux, de Romme Dictateur
Julles Cesar, par fortunes fatalles
Tenant premier nom d'Empire aux Italles.

Il a voulu aux batailles changer,
Tousjours premier, & dernier desloger;
Sachant ung Roy par presence en bataille
Valloir dix milles souldars de bonne taille.
Pour ce jadis aux ans de pubertez,
Maintz jeunes Roys furent en lieux portez,
Où ja estoit leur bataille rangée,
Et se rendoit l'armée encouragée,
Voyant son Roy, à loyaulment servir,
Et au peril de mort soy asservir.
Trop ruyneux est, caducque est le membre,
Qui subvenir au chef ne se remembre,
Quant voit son sang d'affluence courir,
Et promptement ne le va secourir.
On list aussi en la Françoyse histoire,
Que Fredegonde obtint grosse victoire
Prés de Soissons, entre ses bras portant
Son filz Clotaire encor au bers estant.
Ce monstre bien qu'en tel cas la presence
Du Prince sert trop mieulx que son absence;
Mais à ce coup sur nostre proposer
Dieu a voulu aultrement disposer,
Et comme fust chose trés necessaire,
Il a permis que fortune adversaire
Feit en tel jour fort tumber, non le fort
Que eut Matthias, mais hazard du quel sort,
Et sortira sang de mortelle playe.

L'ACTEUR.

Pour Dieu, Monsieur, vostre rapport ample aye
Sans plus user de si grande longueur,
Veu que ja suis en extreme langueur;
Faictes que ennuy par aigreur renouvelle
Double douleur sur la dure nouvelle.

CHABANNES,

Amy tu es affez de dueil efpris,
N'en enquiers plus.

L'ACTEUR,

Pour quoy?

CHABANNES,

Le Roy eft pris.

L'ACTEUR,

Le Roy eft pris!

CHABANNES,

Pour vray,

L'ACTEUR,

Noftre-Dame!
Ce bon Roy pris fans avoir fecours d'ame;
Nous eft le fort pareil mefadvenu,
Si grand malheur n'eft jamais advenu.
Helas! faut-il qu'en noz jours voyons France
De Chef privée, & fouffrir en fouffrance
Souffrete telle. Helas! paovre & chetif
Pays Françoys, ton Roy pris & captif!
Qui foubftiendra ta debile foibleffe,
Et punira l'erreur qui ta foy bleffe?
Où trouverras pilliers & bon appuys,
En la juftice ayant grant zele, puys
Qu'on pervertit fon ordre où fault qu'on voye
Pour equité de droict force par voye?
Où trouverras, foit Clerc ou Seculier,
Trop moins aymant fon bien particulier
Que le publique? Qui mettra hors l'Eglife

Perverſité qui tant nous ſcandaliſe ?
Qui remettra la nobleſſe en ſon ply,
Ayant le peuple aultrement aſſouply ?
Qui rengera auſſi le populaire
Servir à Dieu , & aux Seigneurs complaire ?
Qui oſtera les bombans diſſoluz
De tous eſtatz ? pour briefz motz abſoluz,
Ordre n'y voy ; car on ne met pas tente
Au grant peril de ruyne patente.
    Le bon Seigneur me voyant fourvoyer
De telz propos , & preſt me deſvoyer ;
Poſa ces motz ſur ma pensée attrite ,
Selon la forme icy aprés eſcripte.

CHABANNES.

    Prens reconfort , homme perplex , & voy
Les bons moyens dont ce faiĉt maint envoy
En divers lieux & pour la recouvrance ,
Mettre le Roy à plaine delivrance ;
Prens reconfort , ſe le ſort de bon heur
Ne l'a ſervy , croy que vie & honneur
En combatant ont eſté reſervez
En ſes vertus amplement conſervez ;
Car franchement s'eſt mys en l'eſpeſſeur
Aux coups donner , penſant ſon eſpoir ſeur
A exercer les martiales armes ,
Sans redoubter lances , picques , guyſarmes ,
Ne coups d'eſpée , où bien monſtra valoir
Homme de France , & courageux vouloir.
Et quant en jeu icy endroit mettroye
Charles le Grant , Roland , Heĉtor de Troye ,
Ne aultre preux , neſung d'entr'eulx onc ne feit
Pus vaillamment , tant ſe trouva confit
En flame ardent' pour ſes ſubjeĉtz deffendre,
Que bien ſembloit le tout rompre & pourfendre ;
Et ſe chaſcun euſt monſtré s'employer

K iiij

Ainsi que luy aux armes, sans ployer,
On peult penser estre de sa partie
Celle victoire à l'heure départie ;
Mais comme avons devant en appert mys,
Celluy de tout disposant, l'a permis.
Qui bien sçaura la forme de sa prise,
Cause n'aura que pour ce l'en mesprise,
Car il est pris non en lasche fuyant,
Mais comme preux, du tout se confiant
Estre suivy des siens, & en l'affaire
Porter le faix ainsi que esperoit faire.
Escriptz ces motz & te suffise à tant,
Car plus ne puis cy demourer, obstant
Ce que Aurora prepare jour espoindre,
Ains que Phebus face atteler & poindre
Tous ses chevaulx au train de journal cours ;
Or avons nous par intervalles cours,
Permission de nuict faire une traicte
De pardeça, puis fault sonner retraicte
Avant le jour ; le nautonnier Charon
Tenant le port du gros fleuve Acheron,
Comme ung pasteur ses ouailles voit & compte,
Aussi doubte il des ames le mescompte,
Dont sçait le nombre, & à ses causes voit
Se au retour à ce que passé avoit
Aprés cela partent lesdictes ames ;
Les unes vont aux infernalles flames,
Pour souffrir peine & tourment sans repos,
En decedant avec maulvais propos ;
Aultres selon les graces divisées,
Prennent sejour aux beaux champs Elisées,
Lieu de doulceur, comblé en fertilité,
Amenité, & de tranquillité,
Celles entends qui soubz foy Catholique ;
Ont milité pour la chose publique ;
En tel espoir je m'en voys celle part,

L'ACTEUR.

Sans aultre adieu foubdain de moy fe part,
Et comme en l'air d'ung efclair voit on erre.
Lors s'efclata ung tel coup de tonnere,
Que du grand bruyt fuz contrainct m'efveiller;
Dont plus que aflez me prins efmerveiller;
Homme auffi n'eft bien ayfe quant travaille
En fon dormant, & en dueil fe reveille:
Ce caufe fut que frayeur aflembla
Extreme enuy, parquoy bien me fembla
A tard venir au poinct de trouver l'heure
Qui m'esjouyt d'avanture meilleure.
    Lors redoubtant eftre veu menfonger,
Et en refvant trop follement fonger,
Je referve au fondz de ma penfée
Ce que advenu m'eftoit la nuict pafsée;
Si me levay aprés avoir raffis
Mon foibe fens; lors vy, crois, cinq & fix
Gens aflemblez ufer de parabolles;
Et en fecretz tenir leurs monopolles;
Gens esbahis par les champs & citez
Povoit-on veoir à rumeur excitez,
En rapportant differentes nouvelles,
Aflez & trop pour rompre cent cervelles.
Ainfi perplex; fans efpoir d'afleurance,
Ne reconfort d'afleurée efperance,
L'heure arriva, vers la quinzaine aprés,
Du vray rapport, & par poftes exprés
Fut l'infortune à pleine veuë ouverte,
Manifeftée, & toute defcouverte.
    Adonc veifliez grandz, moyens, & petis,
Preft forcenez comme gens abeftis.
Las! difoit-on, France eft huy defolée,
Sans ferme appuy pour eftre confolée

A maintenir son estat primerain,
Veu que son Chef, & Seigneur Souverain
Congnoist captif; or est elle en balance,
Paovre, affligée, & n'a plus ferme lance
Pour la garder encontre effectz mynez
De ses souldardz, nobles effeminez,
Qui porteront par estranges manieres,
En leurs manoirs civieres pour banieres,
Degenerans des insignes vertus
Dont leurs ayeulx jadis furent vestuz.
Lors veissiez vous paovres dolentes meres
Porter douleur & angoisses amaires,
En regrettant la mort de leurs enfans,
De leur veillesse appuys, & seurs deffens;
Oultre veissiez ung tas de femmes veufves
Larmes getter de leurs yeulx comme fleuves;
Ayant les cueurs contristés & transis
Pour leurs maris en la bataille occis;
Jeunes enfans ayans perduz leurs peres,
N'esperant plus recouvrer jours prosperes;
Jusques hors mys tous inconveniens,
Tournant en ça regnes Saturniens,
Et que le Roy Justice ronde enferme
Stabilité que gens de foy enferme
Laissent erreur d'heresie, & en Cours
Ait verité entierement son cours.
Plaise à Dieu donc son œil piteux regarde,
Que transgresser les Sainctes Loix nous garde;
Que face cueurs endurciz amolir,
Pour malveillance & rancune abolir;
Qu'il face avoir plain refuge vers celle
Vraye union de paix universelle
Aux Princes tous, & les moyens querir
D'eslongner noise, & amour acquerir;
Luy plaise aussi tant debonnaire me estre,
Que voye encor mon bon Seigneur & Maistre

En mes vieilz ans , pour aller oultre es pas
Plus ayfement de l'angoiffeux trefpas,
Que profpere heur en regnant luy referve ,
Et où qu'il foit en fanté le preferve.
Et vous lyfans qui voiez & lyfez
Le myen labeur, du grain en elifez
Le pur forment , & faictes que à coup aille
Le grain à part , & volle au vent la paille ,
Et fe trouvez quelque refte aux efpis ,
Cueillez le fruict tel qu'il eft , mieulx que pis.

Mieulx que pis.

Le Playdoyé de l'Amant doloreux composé par ledict Cretin.

U moys d'Apvril que les grans jours fe tiennent
Par Cupido le Dieu des amoureux ,
Et que plufieurs leurs querelles fouf-
tiennent
Contres aulcunes fafchardes qui maintienent
Par faulx abus les povres malheureux ,
Ung trifte amant penfif & doloreux ,
Vint au parquet en humble obedience ,
Tendant affin d'avoir une audience.
Affez de fois fut l'amant efcondit
de fon prier , car grant preffe y avoit ;
Et neantmoins tant fupplia , qu'on dit
Qu'il foit ouy : & lors fon intendit
Hault propofa , car bien parler fçavoit ;
Mais avant ce , comme faire debvoit ,
Humblement feit reverence à la Court ,
Puis dift fon cas, qui fut fummaire & court.

L'AMANT.

SIRE, dit-il, j'ay devant vous à faire,
Pour quelque excés de nouvel advenu,
Contre une Dame de si maulvais affaire,
Qu'elle a voulu sa loyaulté forfaire,
En me changeant pour ung nouveau venu ;
Et tant a fait, qu'il m'en a convenu
Souventesfois perdre par ce propos,
Boyre, manger, plaisir, ayse, & repos.

   Or ay-je esté plus de deux ans passez
En tel deduyt allyé avec elle,
Que qui auroit noz plaisirs compassez,
On y pourroit nombrer d'ung coup assez,
Pour y trouver plaisance Dieu sçait quelle ;
Joyeux regardz, doulx baisers, la sequelle,
Le tout selon que l'ordonnance porte :
Et qu'il soit vray, à elle m'en rapporte.

   Nous avons fait ensemble convenance,
Et baillé foy l'ung à l'autre de vivre
En port, maintien, & bonne contenance,
Pour resister à toute souvenance
Que œil nous pourroit par nul attraict poursuivre ;
Ce nonobstant elle a permis de suyvre
L'acueil legier qu'on luy a presenté,
Tant que son cueur c'est du mien absenté.

   Depuis deux moys a esgaré son œil,
Parquoy le cueur a consentu l'eschange,
En ses regardz m'a causé si grant dueil
Par maintesfois oultre mon gré & vueil,
Que desormais fauldra que je les change :
Pour ung qui n'est, non plus que je suis, ange
Consent aller & venir jour & nuyct,
Dont j'ay regret qui fort me griefve & nuyt.

   Elle a reçeu mainte lettre & messaige

De ce gallant ; pareillement luy d'elle ;
Qui n'eſt monſtré maintien de femme ſaige ;
Que ſeulle à ſeul ſe trouver en paſſage
De lieu ſuſpect, de nuyct, & ſans chandelle ;
Je vueil doncques dire ma raiſon telle,
Et devant vous former une complaincte,
Qui eſt au fondz de mon courage empraincte.
  Si vous requiers qu'à ceſte heure preſente,
Ceſte Dame compare en ſa perſonne,
Et que ſon dire elle meſme preſente,
Sans Procureur n'Advocat, mais conſente
A playdoyer, & que aultre mot n'en ſonne
Pour ſur le champ, ſi le droict ſe y conſonne ;
Sommairement vuyder noſtre incident
Et par la Court dont eſtes Préſident.

L'ACTEUR.

Q U A N T Cupido eut la cauſe entenduë ;
Il commanda à l'huyſſier ſouvenir
Que incontinent par diligence deuë,
Trouvaſt la Dame, fuſt-elle ore perduë,
Et ſans delay la contraingniſt venir.
Toſt & ſoubdain il la feit convenir ,
Mais à l'entrer print à changer couleur ;
Comme ſe elle euſt grant vergongne & douleur.
  Tout au pluſtoſt que l'amant l'apperceut ,
Palle devint & ſe print à trembler,
Si que povoir à grant peine & force eut
De ſoy tenir debout, & onc ne ſçeut
D'ung quart d'heure ſon bon ſang raſſembler ;
Lors chaſcun diſt qui povoit reſſembler
Homme ravy, & en amours tranſy,
Ce n'eſt pas heur, ce croy-je, d'eſtre ainſi.
  Aprés qu'il eut contenance repriſe
Il commença à playder de plus belle ;

L'AMANT.

SIRE, dist-il, ung chafcun louë & prifé
Dame qui eft fi faige & bien apprife,
Qu'elle fe fçait garder qu'on parle d'elle ;
Or voye-je là ma Dame qui fut celle
Que devant vous j'ay icy prononcé,
Laquelle m'a pour aultre renoncé.
  Si eft befoing de reciter mes dictz,
Je le feray s'il vous plaift le permettre ,
Et s'elle dict que de fon nom mefdis ,
Non fais certes ne vueil faire , mais dis
Qu'elle debvoit tenir comme promettre ;
D'elle me plains de ce qu'a voulu mettre
La plume au vent , & tout honneur en vente ;
Femme ne craint qui fon honneur efvente.
  Veu que longtemps j'avoye eu jouyffance
De fon defir , & elle auffi du mien ,
D'aultre que moy ne povoit jouyr fans ce ,
Que ne m'oftaft toute l'esjouyffance
Et paffetemps de mon plaifir & bien ;
Elle a failly grandement , & combien
Qu'en jure fort , je dis qu'elle a lyé ,
Son lafche cueur à ung aultre alyé.
  Confideré que luy ay faict fervice ;
Et que je l'ay de fi bon cueur aymée ,
En me rendant fon tréshumble novice
Et ferviteur , fans jamais penfer vice ,
Preft de tousjours garder fa renommée ,
Je dis qu'à droit merite eftre blafmée ,
Et luy devez ofter le don d'aymer ,
Quant pour doulceur m'a rendu gouft amer.
  Et fi j'ay eu d'elle poffeffion
Par fi longtemps , ma caufe bien defcripte ;
Puis-je alleguer vraye prefcription ?

Je croy que ouy, & soubz correction
Maintiens qu'elle est mienne par loy escripte ;
Raison le veult comme chose perscripte,
Et c'est le poinct qui mieulx sert à mon cas,
Vueillent ou non nouvelletz Advocatz.

  Par ces moyens vueil pretendre inferer
Conclusions contre la dessusdicte,
Vous suppliant que sans plus differer,
La sentence vous plaise proferer,
Et qu'elle soit d'aultre aymer interdicte ;
Oultre requiers, pour eviter redicte,
Que contraincte soit de rendre mon cueur,
Qu'elle detient en la tour de rigueur.

  Et au surplus, qu'elle soit condemnée
De ne porter, congneu sa mesprison,
Nulle couleur sinon noire & tannée ;
Puis en douleur ceste presente année
Tienne tousjours pour dernier mes prison
A demonstrer que faulse mesprison
Par le dictum aussi presentereltz
Mes dommaiges, despens, & interestz.

L'ACTEUR.

  LE Juge dist, respondez cy m'amye ,
Que dictes vous sur les faictz proposez ?
Il n'est pas temps que soyez endormye ,
Terme n'avez seulle heure ne demye ;
Par quoy ne fault qu'à present reposez ,
Prenez bon cueur , & vostre faict posez ,
Se avez apprins termes d'advocassaige ,
Et demonstrez qu'estes à voz cas saige.

  Double-parler avecques Faulx-semblant
Se offrirent lors de parler pour la Dame ,
Au seul pourchas d'ung affeté gallant
Nommé Babil , si merveilleux allant ,
Qu'il n'avoit sens ne cerveau demye dragme ;

Mais il fut dit que sans nul ayde de ame,
Elle mesmes sa cause deffendroit ;
Lors commença de parler cy endroit.

LA DAME.

PUISSANT Seigneur, la congnoissance avez
Que femme n'a loquence ne audace,
Pour devant vous plaider, bien le sçavez ;
Parquoy affin de veoir mes faictz prouvez,
Quelque conseil voluntiers demandasse ;
Mais puisque ainsi vostre vueil s'accorde ad ce
De me vouloir sur ce cas escouter,
Je respondray, quoy qu'il doibve couster.

Premierement, pour respondre à ce poinct
Que le Seigneur Amant a voulu dire,
Et declairer le temps qu'amours nous poingt
De l'aguillon esgu ; je ne nye point
Qu'il ne soit vray, cela ne vueil desdire ;
Mais quant ad ce qu'il entreprend mesdire
Sur mon honneur, ce passaige luy nye,
Et proteste d'injure & villenie.

Veu que depuys la premier alliance
Si tard à tard est devers moy venu,
On peult juger que par sa nonchaillance,
Souventesfois m'a mys en oubliance,
Et que de moy luy est peu souvenu ;
Si par honneur quelqu'uing est survenu,
Qu'ay-je forfaict pour l'aymer bien à poinct?
On dit, qui n'a que ung amy n'en a point.

Il m'est advis que l'on peult bien aymer
Honnestement, sans folle affection,
Et ne me peult en cest endroit blasmer,
J'auroye plus cher estre au fonds de la mer,
Qu'en moy eust eu telle imperfection ;
Luy mesmes a, par sa confession,
Mainte Dame parfaictement amée,

Sang

Je l'ay aymé, traicté, entretenu,
Craint, obey, supporté, & servy,
Et dessus tous pour amy retenu,
Tant que jamais n'ay le propos tenu
De veoir mon cueur à nul autre asservy;
Et ja soit ce qu'il ait bien desservy
De me vanger pour son tort & meffaict,
La mort me tuë si je l'ay jamais faict.

Il sçait assez les grans maulx & ennuyz
Que j'ay receu pour les tours qu'il m'a faictz,
Regretz, despitz, tant en jours comme en nuytz,
Quant on disoit qu'il alloit d'huys en huys
Cueillir le fruict des amoureux effectz
De ses semblans & parlers contrefaictz;
Je prie à Dieu que les faultes efface,
Et ne permette que ainsi je vive & face.

Il est bien vray que puis deux ans en ça,
Quelqu'ung a prins devers moy habitude,
Lequel dés lors que l'œuvre commença,
Tant de plaisirs & offres m'advança,
Que de l'aymer je prins solicitude,
Et tellement y fourray mon estude,
Que aulcunesfois luy laisse l'huys ouvert,
Et mon secret, pour le mettre à couvert.

Pour deviser, caqueter, & baisier,
Par doulx attraict courtoys & amoureux
Faire souhaitz, ensemble degoyser,
Et des regardz dont on se sçait ayser
Selon le train d'honnestes amoureux,
Mon œil a bien estimé d'estre heureux
Le veoir à part sans y penser qu'en bien;
Mais quantesfois, je ne sçay pas combien.

Et tant y a que jamais n'eusse mys
Mon œil au guet d'estre le sien suyvant,
Si non qu'il m'eust avant le coup promis
Soy contenir par loyal compromis,

L

Pour n'eſtre point mon honneur pourſuyvant ;
Et me jura tant qu'il ſeroit vivant
Ne me preſſer de parler ne de faict,
Ou que la mort le rendiſt toſt deffaict.
    Je l'ay aymé voyre d'amour commune,
Comme aultres font ſans aulcun mal penſer :
M'en doibt l'amant pour ce ſentir comme une
A qui ne chault d'honneſteté neſune,
Et m'en vouloir ainſi recompenſer ?
Si j'ay voulu mon regard diſpenſer
Devers quelqu'ung, les yeulx ſont faitz pour veoir ;
Mais ſi j'ay tort, je veuil bien y pourveoir.
    Quant au regard de ce qu'il dit avoir
Poſſeſſion ſur moy, je dis auſſi
L'avoir ſur luy ; & pour or ne avoir
Ne le rendray, il le peult bien ſçavoir,
Juſques à ce qu'aye le cueur tranſy :
Du ſien qu'il dit que je tiens ſans mercy,
Il a grand tort, car ſouvent le tranſporte
En divers lieux, ainſi qu'on me rapporte.
    Ce qu'il a dit icy à la traverſe,
Que impoſſible eſt que à autre je complaiſe ;
Sans me monſtrer à luy partie adverſe,
Et que l'amour de nous deux ne renverſe,
Il n'eſt pas vray ; mais qu'il ne luy deſplaiſe
A tous propoz il fault que je l'appaiſe
De ſes deſpitz, poſé qu'aye bon droit,
Ou aultrement ſon amour deffauldroit.
    De requerir deſpens & intereſtz,
Il monſtre bien avoir façon haſtive ;
Mon droit pour luy, ce croy, ne m'oſterez,
Et, s'il vous plaiſt, les dommages tairez,
Deſpens auſſi juſque en diffinitive ;
Ainſi concludz ma reſponſe chetive,
Et me ſoubmetz à tous loyaux edictz,
Offrant prouver mes faictz, propos, & ditz,

L'ACTEUR.

Courroux, Defpit, Defdain, & Nonchalloit
S'efforcerent ledict Amant induire
A repliquer ; tellement que Vouloir
Son Procureur, fe print fort à douloir,
Difant que Abus tendoit à le feduyre ;
Mais Doulx penfer, qui matieres fçait duyre,
Fit oppiner que plus on ne crieroit,
Et que chafcun de fa part efcriproit.
　　Le Juge aprés l'oppinion reçeuë
Des Confeillers, appointa par arreft,
Pour appaifier toute peine conçeuë,
Et du procés expedier l'iffuë,
Que d'efcripre chacun des deux fuft preft ;
Adonc Rapport Greffier fift fon appreft
D'enregiftrer, lequel n'eut pour payement,
Fors cinq ou fix foufpirs tant feulement.
　　Au departir les parties fe affouvirent
D'aulcuns regardz affez mal gracieux ;
Je ne fçay pas fi depuis ilz chevirent,
Mais plufieurs gens à cefte Dame virent
Cheoir & tomber groffes larmes des yeulx :
Ainfi me mys comme tout ennuyeux,
Pour mynuter derriere ung viel tappis
Le playdoyé cy efcript. Mieulx que pis.

Extraict du Registre pastoural, sur le propoz tenu des Bergers François de la nativité de Monseigneur François, Daulphin, en l'an mil cinq cens dix-sept : faict par ledict Cretin.

O R S que Phebus en sa chambre do-
rée,
Phebe s'amye eut du lustre estoréc,
Tel que Aurora sur le royal sesjours,
Feit apparoir le clair & luysant jour
De tous estatz par plaisir aggreable,
Reçeurent joye extimée increable ;
Je reprenant les erres du propos,
Où quelque temps layssé plume à repos,
En desir prins sur l'esperée attente
D'effect gysant soubz nuptiale tente ;
Ung jour j'oys le cor melodieux
De Triton, poste & trompette des Dieux,
Qui à travers de montaigne & vallée
En gallopant comme à bride avallée,
Faisoit sçavoir tant au gros, que au menu
L'heur desiré de nouvel advenu ;
Et tant courut, que en toute l'extenduë
Du parc François, fut nouvelle estenduë
D'ung fleuron nay & franc bourion de Mars,
Plus à cherir, que cent milliers de marcqs
D'or pur & fin, & quelconque richesse
Que au monde ayt Roy, Royne, Duc, ou Duchesse.
La voix de Equo alors fort resonna,
Qui prés des eaves & grans forestz sonna,
En publiant la joyeuse adventure,
Portant espoir de lyesse future.

Ce fçeu au vray , par Villes & Faulxbourgs
Sonnerent cors , trompettes , & tabours ,
Feux furent faictz , tables rondes dreſsées ,
A tous venans viandes diſperſées ,
Ceulx du Clergé par interceſſions ,
De cueur fervent firent proceſſions ,
Nobles preſens , & menu populaire ,
Preſt d'obeir , de ſervir , & complaire.
Et tout ainſi que noz peres jadis ,
Eſtantz au lymbe , en hymmes & beaulx dictz
Prindrent plaiſir , voyant la prophetie
Eſtre accomplie , au jour que le Meſſie
Les delivra hors de captivité ;
Semblablement à la nativité
De ce fleuron predicte baptisée ,
Et par pluſieurs pieça prophetisée ,
Tout le climat de France & Daulphiné
Fut esjouy pour ce beau Daulphin nay.
Eſtant certain des nouvelles courantes ,
Et que ja vit les choſes apparentes ;
Où ung chaſcun eſperoit s'esjouyr ,
Et de repoz tranquille aſſez jouyr ,
Que gens d'Egliſe au Ciel les mains tendoient ;
Et de tel bien graces à Dieu rendoient ,
Que gentilz gens feirent les appareilz ,
Dont on ne vit longtemps y a pareilz ,
Pour triumpher , & faire ennemys tayre ,
En exerceant le bel art militaire ;
Que bons marchans , & les gens de meſtier ,
Voyantz le bien qui leur faiſoit meſtier ,
Deſirent povoir marchander de grant erre
Cercher prouffit tant par mer , que par terre ;
Que ſimples gens & petitz laboureurs ,
Occaſion n'eurent d'eſtre paoureux ,
Comme eſperans que l'heur de bonne chance
Les gettaſt hors de leur male meſchance ;

L iij

Et que bergiers sur l'herbage & pastitz
Des plaisans guectz à la Dame Thetis,
Feirent debvoir de convoyer bergieres
Parmy tailliz, verdz buissons, & fougieres.
Or ce voyant, pour autant que à loysir
Bien m'attendoye avoir plus grant plaisir
A regarder petites bergerettes
Tenir propos d'honnestes amourettes,
Que me trouver aux festes & bancquetz,
Où sont levez les ennuyeux caquetz,
Qui font plusieurs si hault monter de teste,
Qu'en vient souvent merveilleuse tempeste ;
Plus m'esjouy à leurs menus esbatz,
Que au passetemps de tournoys & combatz ;
Car me trouver aussi n'est ce licite
En lieu où Mars dresse son exercite,
Et plusieurs fois tel y entre riant,
Qui au partir s'en retourne cryant.
Plus prins de joye aux argentines buzes
Des pastoureaux, & doulces cornemuses,
Oyant les ungz chanter, aultres fluter,
Les ungz dancer, & les aultres luiter,
Que se je feusse en mer sur les arenes,
Pour escouter les doulx chantz des Sereines ;
Plus eu d'esbat, voyant les entretiens,
Les gentilz tours, les gracieux maintiens,
Et joyeux chantz des jeunes pastourelles,
Fueilles & fleurs chargeantes entour elles,
Pour en parer leurs chefz & blancs habitz,
Que si je veisse en perles & rubis,
Femmes de Villes à poictrines ouvertes,
De gros carquans & chaisnes d'or couvertes ;
Car qui vouldroit leurs bacques esprouver
Au descouvert, pourroit l'on bien trouver
Lourde empirence avec or de touche,
L'honneur y gist, à cela je ne touche,

Et ne les veulx blafonner aultrement;
Mais poffible eft que foubz l'acouftrement
D'ung blanc rochet , corte de tiretaine ,
Honnefteté fe trouve auffi certaine ,
Que foubz fatin , & l'amoureux tréfor ,
Ce qui reluift n'eft prouvé tousjours or.
Laiffons cela ; pour parfaire mon compte ,
Et n'eftre veu en erreur ne mefcompte ,
Je vueil tenir qu'en treftous les eftatz,
Dont lors congnuz groffes tourbes à tas
Chere monftrer de parfaicte lyeffe ,
L'eftat berger prifay ; car celluy effe
Qui d'humble ftile ha grace de toucher ,
Ce que aultre à tard fçavoir fi bien coucher.
Confiderant cefte belle affemblée
Toute esjouye , & de plaifir comblée ,
Me mys à part , affin de retenir
Les bons propos qu'aulcuns fçeurent tenir.
Lors en prez verdz , foubz plaifante faulfoye ,
Au long d'ung fleuve , ainfi que l'œil haulfoye ,
Vis arriver l'ancien franc bergier
Nommé Gallus , qui pour fe heberger
Feit acouftrer une chambre nattée
D'arbres floriz , où Dame Galatée ,
Noble bergere , avec luy print fesjour.
Le franc Gaultier y amena ce jour
S'amye Helene , & pour leur couverture ,
Ung pavillon drefferent de verdure.
Pan fi trouva jouant des chaleumeaux ,
Accompaigné d'ung tas de bons hommeaux ,
Comme Alexis , Melibeus , Titire ,
Merus , Thirfis , Dametas , tout y tire ,
Puis Coridon , Menalcas , Palemon ,
Paris de Troye , & l'amoureux Damon.
Là fçeurent bien le jour ramentevoir ,
Où par entre eulx feirent fort bon debvoir

Mettre en avant la prophetie emplye
D'heur advenir , qu'on voit or' accomplie.
Pour y venir Nymphes , Amadriades ,
Et mais aussi Nayades , & Dryades
Laisserent soins de forestz & des eaux,
Et le bastir de rameaux & rozeaux,
Feirent au vueil & gré de leurs ententes ,
Beaux cabinetz & umbrageuses tentes,
Affin de mettre à repos & soulas
Ceulx qu'on sçauroit de dancer leur saoul las.
De tous endroitz bergieres arriverent ,
Et une feste aussi grande leverent ,
Que qui leur eust donné pareil trésor
Que tint le Roy Nabuchodonosor ;
Là sans débat , riote , ou noyse aulcune,
Chascun choisit, pour dancer , sa chascune,
Et quant on eut à loysir bancqueté ,
Dancé , sailly , couru , & cacqueté ,
Le Bon Gallus , pasteur d'experience ,
Requist avoir quelque temps audience.
Si tost que eust sçeu son dire proferer ,
Tous les presens , hors mys le differer ,
Incontinent prés de luy s'approcherent ,
Et sur belle herbe à monceaulx se coucherent ,
Affin d'entendre & promptement ouyr,
Ce dont devoit la brigade esjouyr ,
Et sur ce poinct sans faire aultre prologue ,
Fut mys avant ung petit dialogue ,
Entre ces deux bonnes gens , comme en ça
Sera escript. Lors Gallus commença ,
Selon la forme or' endroict relatée ,
A quoy donna response Galatée.

GALLUS.

BERGERS gentilz,
Grands & petitz
Pour asseurance,
Soyez actifz
Prendre appetitz,
De recouvrance;
J'ay esperance
Que au parc de France
Aurons herbage & beaulx pastiz;
Et des Loups pleine delivrance,
Qui ont faict des maux à oultrance
Sur aigneaux, & lourdz abbatyz.

GALATE'E.

Gentes bergeres
Soyez legieres,
Et prenez cueur
Mettre aux encheres;
De bonnes cheres
Doulce liqueur;
Car de langueur,
Dueil, & rigueur,
Dont gueres furent messagieres;
Sera vostre pasteur vaincqueur,
Et se monstrera desparqueur,
Des fieres bestes estrangieres.

GALLUS.

Pasteurs loyaulx,
En ses jours beaulx

Je vous convye
A jeux nouveaux,
Vendons noz veaux,
Et menons vie,
Pour assouvye
Chere ravye,
Tout aille trippes & boyaux,
Priant Dieu avant qu'on desvie,
Que le grant pasteur ayt envye
Preserver des loups noz troppeaux.

GALATE'E.

Bergeres franches,
De croc & hanches,
Les yeulx ouvers
Cueillez pervanches,
Avecques branches
De lauriers verds;
Et à travers,
Rendez ouvers
Voz bras nudz, & poictrines blanches;
Car soubz l'enfant gisant au bers,
Pourrez à l'endroit & envers
Dormir jours ouvriers & dimenches.

GALLUS.

Tout florira,
Dont perira
Aigre famine;
Peuple rira,
Bled cueillera,
Septier pour mynne;
Dieu qui domine,
Et enlumine

Ciel, terre, & mer le nourrira ;
Puis qu'avons de la doulce armine
Ung beau Daulphin, dueil se termine,
Et hors d'emprés nous s'en yra.

GALATE'E.

Vieilz loups saulvaiges,
Qui soubz paraiges
D'humbles habitz
Faictes ravaiges
Prés les rivaiges
De noz herbis ;
De cailloux bis
Serez fourbis,
Se tendez nous mettre en servaiges,
Car bien trouverons alibis
De garder montons & brebis,
Mais que ce bel enfant vie aages.

GALLUS.

Regnardz subtilz,
Par faulx oustilz
Pleins de cautelles,
Faictes motifz
D'artz inventifz
Lever hault aesles ;
Playes mortelles
Telles & telles
Causez, dont plaisirs font chetifz ;
Mais le dessoubz de voz cautelles,
Et deceptions decoste elles
Vous rendront quelque jour captifz.

GALATE'E.

Tendres filletes,
Fresches doulcettes,
Et de valeurs,
Chargez holletes
De violettes
Feuilles & fleurs;
Delaissez pleurs,
Criz, & douleurs,
Et ne doubtez estre seulettes;
Reprenez habitz de couleurs,
Puis que ainsi s'en vont noz malheurs,
Si je suis bien, aussi vous l'estes.

GALLUS.

Amphion sus,
Mettez dessus
Harpe & musique;
Et se Orpheus
Faict par reffuz
Du fantastique,
Que l'on pratique
Mettre en cantique,
Que d'espoir ne sommes deçeuz,
Puis que d'art musical & poëtique,
En chant tant moderne que antique,
Mercions Dieu des biens reçeuz.

GALATE'E.

Sus Philomene,
Qu'on nous amene

Oyseaux polliz,
En aer amene
Est le demene
De noz palliz ;
Linotz jolyz
Sont abolyz
Voz chantz, sachez comme se meine ;
Que ung rossignol ne prent de lys
A chanter à l'entour du lys,
Le long de l'an comme en sepmaine.

GALLUS.

Les Roys jadis
Certains esdictz
Voulurent faire,
De Turcz mauldictz
Et interditz
Payans deffaire,
Pour satisfaire
A tel' affaire,
J'ay ouy dire des foys dix,
Que le grand pasteur veult parfaire
L'emprise, sans y contrefaire,
Fainct semblant de faulx contredictz,

GALATE'E.

O ! que comprise
Est bien l'emprise,
Soubz pavillon
De foy qu'on prise
La mouche a prise
Poinct d'esguillon ;
Enfans baillon
Force billon

Pour conquerir telle pourprife,
Pot, plat, efcuelle, & corbillon,
Jamais Godefroy de Billon
Ne fift une plus belle emprife.

GALLUS.

Or avons nous
Beau temps & doulx,
Parquoy j'efpere
Lieppars, loups
Chaffer aux boutz
De ce repaire;
Juppiter Pere,
Qui tout tempere,
Gecte au long des aigneaulx les boucz,
Paix nous octroye, & guerre afpere
Eflongne de noftre emyfpere,
Rendons luy graces à genoulx.

GALATÉE.

A rendre exemple
L'ouaille prefente
De mal tourner,
Fault tenir fente
Que feure on fente
Pour l'yverner;
Trop fefjourner,
Faict adjourner
Le loup, que du parc ne s'abfente;
Doncques pafteur qui veult regner,
Son beftiail bien gouverner,
A droit & raifon fe confente.

GALLUS.

A grans prouffitz,
En ce parc feiz
Longue demeure;
Soyons confitz,
Que au jour préfix
Chafcun labeure:
Saifon meilleure
Avons que à l'heure,
Prions le benoift Crucifix,
Que paix en France nous demeure,
Et donne, fans ce que nul meure,
Bonne vie au pere & au filz.

GALATE'E.

Bende Françoyfe,
Doulce & courtoife,
En joyeulx ris
Ton cueur franc fe ayfe
Tout à fon ayfe;
Aux champs floris,
Moutons cheris,
Seront nourriz,
En cueillant vermeille framboife;
Plaife donc à tous bons efperitz,
Prier Dieu garder de perilz
Françoys Daulphin, natif d'Amboife.

L'ACTEUR.

LES motz ouyz de ces deux bonnes gens,
Francs paftoureaulx furent fort diligens

De lever fus enfemble, auffi bergieres
Monftrerent bien avoir jambes legieres;
Et lors tendans mains & teftes aux cieulx,
Genoulx flechiz, & les larmes aux yeulx,
Devotement tous & toutes crierent
A haulte voix; *Noel*: & Dieu prierent,
Que de fa grace il luy pleuft preferver
Ce bel enfant, & longtemps referver.
Or entendons à bien le cas comprendre,
Que pour Gallus, peuple Françoys veulx prendre;
Homme plain d'ans & bonne gravité;
Et fi je fuis au vray dire invité
De Galatée, icy endroit l'applique
Directement à la chofe publique
De ce Royaulme; à fes deulx là pour voir
Affiert trés bien fongneufement pourveoir
Ce que j'eftime eftre faict en l'affaire,
Et Dieu le vueille ainfi qu'il eft à faire.
Doncques aprés prologer beaucoup plet,
Et que chafcun ait dict maint beau couplet,
Comme voulans prendre à cueur les matieres;
On tira hors de belles pannetieres
Le gros pain bis, force d'aulx & d'ongnons
Pour le banquet; & lors les compaignons,
Sans rien doubter la terre trouver dure,
Tindrent leurs rencz fur la belle verdure;
Filles auffi mifes ung peu à part,
Chafcune affez employa de fa part
Son appetit à beau lart & formage.
Si me penfay eftre fort grant dommage
Qu'il n'y avoit aulcuns bons entremetz
Pour leur donner, car je ne vy jamais
Mieulx desbrider, & fembloit bien qu'ilz deuffent
Tout devorer fe force viande euffent.
Sur ce la nuyct commençant à venir,
Je m'en allay en ce doulx fouvenir,

Le

Le cueur joyeux & non melancolique
Enregiſtrer de ceſte bucolique
Ce qu'entendu avoys ; & plume mys
Sur le papier, affin qu'il ſoit tranſmis
L'extraict tel quel à celluy qui excuſe
Sçaura donner au gros ſtile dont uſe,
Si quelque peu luy aggrée & complaiſt,
Le preſent vueille accepter, s'il luy plaiſt ;
Et à l'ouvrier du rural artifice,
Bien-toſt donner ung bon gros benefice.

Mieulx que pis.

Invective ſur l'erreur, puſillanime, & laſcheté des genſd'armes de France à la journée des Eſperons ; faicte par ledict Cretin.

E U que maultemps & ſouldars de ſa
    ſorte
Tendent qu'on ſorte hors d'eſpoir,
    comme il ſemble ;
Eſt-ce pas droict que ma plume ſe
    aſſorte,
Si que exhorte arrogante cohorte,
Voire & l'enhorte ad ce qu'on ſe raſſemble,
Proueſſe tremble, honneur du vouloir ſe emble,
Et tous enſemble ont uſage à l'envers ;
Diverſes gens cauſent le temps divers.

    Malheuretez durent,
    Tous eſtatz murmurent,
    Peuples maulx endurent,
    Deniers ſe deſpendent,
    Gens de guerre jurent,

Blafphement , parjurent ;
Mauldiffent , conjurent ,
Et fe contrebandent.

Plume au vent doncq' aille comme eftourdye ;
Tant que au tour dye effrenée invective ,
Morde en riant , & lafche tragedie
D'oultrage , & dye à quoy on fe eftudie ,
Qu'en Picardie armée eft fi chetive ,
Qu'elle n'eftrive ou en fonds ou en ryve
Cryant , *Qui vive* aux Godons d'Angleterre ;
Autant que vault l'homme , tant vault fa terre.

Lafches & mefchans ,
Eftes vous aux champs ,
Sans eftre marchans
Sur noz ennemys ,
Qui font voz defchantz ,
Motz & crys trenchans ,
Comme chiens couchans
Demeurez remys.

Que n'avons nous Juvenal & Horace ?
Que n'eft or' à ce ung fecond Perfe en vie ,
Ou ung Lucain ? queft-ce ? mais que fera-ce?
Armes , cuyrace , & lance fuyvant race
De gens fans grace , homme en jeu ne l'envye ;
France eft ravye , ame ne la convye
De prendre envye aux armes fe renger ;
Fol ne croit tant quil fe voit en danger.

Dueil le cueur me perce ,
Pourroit dire Perfe ,
Voyant qu'on difperfe
Exceffifz argentz ;
Lafcheté nous berfe ,

Dormans à l'enverſe,
Et partie adverſe
Tuë & bat noz gentz.

O ! nation Françoyſe où eſt la pompe
Que à ſon de trompe obtins par toute Italle
Le temps paſsé ? faut-il qu'il ſe corrumpe
Ton loz, & rompe d'ambition te trompe ;
On brague & pompe, on perd force totalle,
Eſſe fatalle adventure ou brutalle
Qu'on ne feſtalle au combat regarder ;
Le bon renom ſur tout ſe doibt garder.

Pietons pendars,
Groumeleurs, grondars,
Satrapes, ſouldars,
Hardiz comme canes,
Vous tremblez ſoubz dardz,
Perdez eſtendartz,
Et ſçavez tant d'artz ;
Fy vous n'eſtes que aſnes.

Seigneurs du Sang, Barons, & Chevaliers,
Tous Seculiers d'illuſtre parentage,
Permettez vous à ſes godons, galliers,
Gros godalliers, houſpailliers, poullalliers
Prendre palliers au Françoys heritaige ?
O ! quel oultrage endurer de voſtre eage
Veoir telle rage eſcheoir, que Dieu ne vueille ;
Quant chef endure, il fault que membre dueille.

Se voſtre bon Chef
Souffre aulcun meſchef,
Viendrez vous à chef
D'avoir paix en France ;
Poiſant queuvrechef

Aurez de rechef,
Et porterez grief
Mesaise en France.

Laisserez vous l'aigle ainsi bas voller,
Jusques à fouller le champ des fleurs de lys ?
Souffrerez vous ce pays affoller ?
Doubtez vous l'aer ? c'est trop mys à branfler
Tant se foullier entour repos de lyctz ;
Gens amollis font voz cueurs abollys,
Harnoys pollis servent cy bien peu, non ;
Homme fans cueur perd credit & renom.

L'aigle lye es parcs
Leonceaulx, lyeppars
Sont joinctz non espars,
Doubtant la rencontre ;
Or disons que partz
Prendront ilz pour partz
Difmes & champars,
Sans dire à l'encontre.

Où pensez vous Capitaines gentilz,
Saiges, subtilz, fortz, puissans, & vaillans ?
Où songez vous grans, moyens, & petitz,
Voz appetitz semble estre aneantiz,
Ou abbestiz font voz cueurs deffaillans ?
Huy bataillans n'ont estoc ne taillans
Pour assaillans chocquer, & teste fendre ;
Tost est batu qui ne se veult deffendre.

Dictes noz gensd'armes,
Où font les allarmes,
Provoquant à larmes
Que souliez espandre ?
De tous voz vacarmes,

Sont les ventz plus carmes ;
Que souffletz de Carmes ;
On vous deust tous pendre.

Vous mettez sus la rage aux Tréforiers ;
Difant que ouvriers font d'embler & pillier ;
Vous avez tort, feftes & jours ouvriers
Sont les premiers qui pour fournir deniers
Sacz & paniers font trouffer & biller ;
Il fault fillier voz yeulx, fans confeiller
Les exiler, car France y auroit perte ;
Ce qu'on voit d'œil rend l'apparence apperte.

Financiers notables
Sont fermes, eftables,
Gracieux, traictables,
D'honneur les concierges ;
Courtoys, charitables,
Huinbles, amyables,
Humains, pitoyables,
Et droitz comme cierges.

Dis-je pas vray ? on fçait ce qui en eft ;
Dieu, s'il luy plaift, me pardoint fi j'en mentz ;
Ne voyons nous quant vient à faire ung preft
Chafcun d'eulx preft faire foubdain appreft,
Pour l'intereft faulver à tous payemens ?
Leurs baftimens monftrent enfeignemens
Quant aux fermens confciences eftroictes ;
Amys feaulx portent tousjours mains droictes.

Seigneurs des finances,
Les gens d'ordonnances,
Perdent contenances,
Et trop plus que affez
Dueil des convenances

Que euſtes ſouvenances
De mener aux dances
Les pietons caſſez.

Le Roy entend à ſes gens ſatisfaire,
Pour les refaire, & ſa main leur extendre,
Mais que chaſcun face comme il doibt faire,
Et ſans forfaire, ou ſemblant contrefaire
Qu'en tout affaire a bon vouloir d'entendre,
A ung tendre, & laſche, on ne doibt tendre
Eſpoir d'attendre, où ne veult s'employer;
Loyal ſervice attend le bon loyer.

Françoys francz fallotz,
Prenez camelotz,
Aux butins & loz
Tonneaux eſcouez,
Si acquerrez loz,
Rides, Angelotz,
L'or la chair, & l'os
Des Angloys couez.

Sçauroit-on point trouver ung Sallezart
A ce hazart, avec Malhortye,
Ou bien Flocquet pour voller ce muſart,
Aigle buzart, que par fainċte & faulx art
Nous a piqué ainſi que malle ortye?
Sa foy mentye eſt ores au loing ſortye
Toute amortie, ainſi que l'effeċt porte;
Foy, dıt Sainċt Paul, ſans œuvre bonne eſt mo[r]

Puis que foy renonce,
D'honneur n'a une unce,
A qui or luy nonce,
De ſermens laiſſe erres;
Se à ung faiċt reſponſe,

Grant soulaz l'esconse,
Que l'autre au jour fonce,
Par luy met les serres.

Nous n'avons point de hyre ne poton,
Bien l'en peult-on congnoistre à veuë d'œil :
Que n'es-tu vif Duc de Nemours Gaston ?
Soubz ton guyton fut ores maint pieton,
Marchant au ton du tabour au tien vueil ;
Dire ne vueil ce qu'en pense, car dueil
Me faict recueil d'ennuy mal à gré pris,
A tard se oublye honneur de si hault pris

Cueurs de dures tailles
Actes de batailles
Font contre poulailles
Noz gens , & quipages ,
Varletz , truandailles ,
Ordes villenailles ,
Putiers , ribauldailles
Sont voz equipages.

Chascun se plainct des tours & grans meschefz,
Qu'entre vous Chefz brassez par voz discordz,
Division est entre vostre ost , sachez
Que si marchez en picques , folz marchez
Rendront marchez sur vous piteux recordz,
A criz & cors les godons corps à corps
Tiendront leurs gordz , jà ilz y ont visé ;
Tantost se perd Royaulme divisé.

Pensez & visez
Que gens divisez
Sont à coup brisez ,
Rompuz & deffaictz ;
Et pource advisez ,

Et vous conduyſez
Si bien , que priſez
Soyez par voz faitz

L'ung veult du blanc , & l'autre veult du brun;
L'ung mange eſgrun , l'autre n'a que repaiſtre;
De voz ſouldars on n'en ſçauroit rendre ung
En ordre & run , ſoit à veſpre ou à jeung,
Le bruyt commun dit que chaſcun eſt maiſtre,
L'ung tire à dextre, & l'autre à la ſeneſtre,
C'eſt feu d'y eſtre , ung aſne y pourroit mordre;
En multitude y a ſouvent deſordre.

Mettez y la patte ,
De ſorte qu'on batte
A force , & combatte .
Si que angoiſſe amaire
Loing de nous ſe embatte.
C'eſt tout faiɛt à haſte ,
Sans mettre où , ne datte,
Par le filz ſa mere.

Mieulx que pis.

S'enſuivent les Epiſtres dudict Cretin, envoyées tant aux Roys Charles Huytieſme, Loys Douzieſme & Françoys Premier, que auſſi à pluſieurs de ſes amys.

Dudict Cretin au nom des Dames de Paris au Roy Charles Huytieſme.

E S T-I L papier, encre, ne plume en main,
Pour bien coucher doux langaige & humain ?
Eſt-il eſcript portant credit ou tiltre
De gorgiaſe & amoureuſe epiſtre,
O cueur Royal, qui puiſſe à l'advenir
Juſques icy t'eſmouvoir à venir ?
Eſt-il propos, eſt-il recueil honneſte,
Qui le vouloir du tien cueur admoneſte
Donner lyeſſe, & de plaiſir pourveoir
Celles qui ont tel deſir de te veoir ?
Eſt-il doulceur, eſt-il plaiſir quelconques,
Eſt-il rapport, eſt-il nouveaulté, que oncques
Fuſt avancée, en quoy noz deſolez
Et triſtes cueurs feuſſent or' conſolez ?
Eſt-il regret de piteuſe pensée,
Qui le regard de ton gracieux œil
Sçeuſſent tourner venir à noſtre vueil ?
O ! cueur remply de loyaulté royalle,
Cueur plain d'honneur & royaulté loyalle ;
Laiſſeras-tu de ton amour tariz
Les dolentz cueurs des Dames de Paris ?
Laiſſeras-tu en dueil & ennuy celles

Que les brandons & vifves eſtincelles
De Cupido atouchent de ſi prés ,
Que eaux de Damatz , marjolaines , , cyprés ,
De romarins , verds lauriers , & lavandes
Ne leur font rien ? s'il faut que de là vendes
L'eau de ta grace , & que leurs cueurs prés mortz ,
Soyent arrouſez icy d'eau de remors.
Fault-il que ainſi l'eau de pleurs aſſocye
Leurs piteux yeulx ? faut-il que ea de ſoulcye
Baigne & arrouſe à toute heure leurs cueurs ,
En lieu d'avoir les ſouefves liqueurs ,
Les doulx regardz , les parolles privées ,
Les entretiens , les doulces arrivées ,
Les ſi bons motz , nouvelles , privaultez ,
Privez propos , & tant de nouveaultez ,
Qu'eurent en l'heur de la preſence tienne ?
Helas ! faut-il que là preſent te tienne
Si longuement le gracieux acueil
De ton regard ? faut-il par cella que œil
Cueille ce fruict que les Pariſiennes
Prindrent longtemps ? faut-il que Amboiſiennes
Tiennent ce bien ? faut-il que amoureux plaitz
Prennent reſſort devant chievres de Blois ?
Faut-il que amant par laſche tour engelle
Son cueur à l'huys de quelque Tourangelle ?
Las ! Sire , las ! plus de cent foys helas !
Voy les regretz des cueurs peſans & las ;
Voy ung petit les angoiſſeux allarmes ,
Charges d'ennuytz ; voy les ſouſpirs & larmes
Qu'ores rendons en attendant ce jour
Qu'il te plaira faire icy ton ſeſjour.
Mais quant? Doulx Dieu des amantz, quant ſera-ce?
Il fuſt beſoing & temps de penſer ad ce
On va diſant , Palais maintient tousjours
Que icy tu ſeras d'huy en quatorze jours ;
L'autre ſoubſtient que t'en vas en Bretaigne :

Par ainſi fault que ennuyeux umbre tienne
Noz dolens cueurs, ſi que en portant le dueil,
Piteuſement en gettons larmes d'œil.
S'il eſt ainſi deſormais les jartieres
Demeureront ſur noz chaulſes entieres,
Et manderons à courſe de cheval,
Que noz amours tirent encontre val.
S'il eſt ainſi, ô Roy des Gentilz-hommes !
Qui lors pourra de ſi peſantes ſommes
Nous ſoulager ? toy ſeul as hault renom
De nous povoir bien faire, & aultre non.
Songe ung petit, à tel heure qu'on penſe,
Qui nous ſçaura donner la recompenſe
Des deſirez ſoubzhaitz que nous faiſons
Secretement, leſquelz ores taiſons ;
Et bien congnoys que vraye amour excite
Mettre à la main ce que plume recite,
Auſſi que faict habondance de cueur
Bouche parler, il n'eſt au monde que heur
Et que malheur, pour plaiſir & triſteſſe
Donner aux gens. A nous regret triſte eſt-ce
Que icy ne viens, affin que te voyons,
Et que les tiens haultz faictz par preuve ayons
Manifeſtez, deſquelz ta dextre heureuſe
A obtenu palme victorieuſe.
Quelque aultre foys avons le noſtre eſcript
Vers toy tranſmis, & amplement deſcript
Le loz, honneur, & triumphe notoire
Que meritas en la tienne victoire ;
Comme pour toy doubtaſmes nous treſfort,
Et comme auſſi feiſmes lors noſtre effort
De voyager, accomplir veux, promeſſes,
Dire oraiſons, faire chanter prou Meſſes,
En priant Dieu te ramener à port
D'heureux ſalut. Veu doncques le rapport
Que as maintenant de ta ſi bonne Ville,

Viens toſt , car ceulx qui la maintiennent vile ,
Ce ſont mutins , doubtans que le ſecours
Vienne ſans eulx autour des baſſes cours ;
Ce ſont thouyns qui leurs ventres cheriſſent ,
Et ont grant peur que vivres encheriſſent ;
Ce ſont milourdz qui ne voulſiſſent point
D’hoſtes avoir ; c’eſt le vray neud du poinct ,
Chaſcun d’eulx craint d’eſtre ſervy d’aigre hoſte :
Et davantage ilz doubtent qu’on deſcrotte
Soir & matin les coctes , cependant
Qu’il ſont pugnir larrons par le pendant ,
Ou bien ſouvent par le cul de la bourſe
Selon que droict pour le tort de la bourſe ,
Quant au regard de peſtilence avoir ,
C’eſt bien ung cas que toſt peult l’en ſçavoir ;
Impoſſible eſt que cela n’apparoiſſe ;
Si te jurons que à Paris n’a Parroiſſe
Où peſte ſoit , ſinon par cy par là ,
Mais ce n’eſt riens , & quiconques en parla
Si lourdement , il rapporta menſonge ,
Et peult-on dire eſtre proprement ſonge.
Il n’eſt pas dit pourtant ſi par endroitz
La mort ſaiſiſt ſes plus apparens droictz ,
Qu’en une ville où tel peuple demeure ,
Souventesfois quelque nombre ne meure ;
Si n’eſt-ce pas pour rendre l’air infect ,
Ne dire grant ung ſi tréſpetit faict.
Et au ſurplus touchant ce que l’on ruë
Sur noſtre honneur , diſant n’y avoir ruë
Dedans Paris qu’il n’euſt ung remordz tel
Que on haye & fuyt comme ung venin mortel ,
Quant à ce poinct , on s’en pourroit bien tordre
Dire que à nous appartient y mettre ordre :
Mais ſi noz veaulx qu’on appelle Eſchevins ,
Leſquelz aprés ſort manger leſchent vins ,
Et ne leur chault du faict de la Police ,

Mais que or en main & argent ſe police ;
Feiſſent debvoir que gens & tumbereaux
Euſſent le ſoing de laiſſer tumber eaux ,
Et nettoyer chaſcun devant ſa porte ,
Le bruyt ne fuſt tel que par tout ſe porte.
Au demourant, quant à l'honneſteté
De doulx acueil , croy ſe l'on a tetté
Du laiċt & miel que vraye amour diſtille ;
Si n'eſt Paris reputé de tel ſtille.
Viens le ſoubzhait des plus doulx & ſouefz,
Viens, s'il te plaiſt, ô Prince debonnaire !
Et cepandant ta plume de bonne aire
Nous vueille eſcripre ung petit mot ou deux,
Pour appaiſer noz ſi extremes dueilz ;
Si congnoiſtrons que en ta grace maintiennes
Celles qui ſont du tout à jamais tiennes.

Dudiċt Cretin au Roy Loys XII.

RES hault , puiſſant & mon plus re-
doubté
Prince Seigneur , j'ay hui beaucoup
doubté
Sur le propoz tenu de vous eſcripre.
Voyant le bon de mes eſcriptz oſté ,
Et que je ſuis boucanier radoté ,
A qui trop mieulx affiert plorer que rire ;
Mais congnoiſſant que à peine on peult deſcripre
Le doulx acueil de voſtre humanité ,
Et qu'il ne fault grande ſolennité
A declairer l'ennuy dont je me deulx ,
Toucher en vueil ung petit mot ou deux :
Non pour dire que mon plaindre ou douloir
Soit cauſe qu'il vous en doibve chaloir
De mon ennuy & ſouffreteux meſaiſe ;
Mais bien voyant que voſtre franc vouloir

A desiré faire tousjours valoir
Voz serviteurs, pour estre à jamais ayse,
J'ay entrepris, moyennant qu'il vous plaise,
Faire mes plaintz vers vostre Majesté,
Contre la Court qui m'a tant molesté,
Et qui plusieurs a faict voler sans aesles,
En me laissant malheureux par deux L L.
Quant à part moy je pense & me souvient
Du temps passé, & de celluy qui vient,
Que j'ay vescu, & qu'il faut que je vive,
Et que le sort sur moy si mal advient,
A peine sçay que tout mon sens devient,
Craignant de veoir que paovreté s'ensuyve,
Vueille ou non, fault que les bahuz suyve
En attendant quelque piece attraper ;
De jour en jour vient laine pour drapper,
Espoir me paist de promesses & veux,
Et ne me croist que la barbe & cheveulx ;
Je trotte, & cours, sollicite, & pourchasse,
Et si ne m'est possible que j'en chasse
Le seul escu, ou targe ; jusques à terre
Malheur me suyt, paouvreté me deschasse ;
J'ay bel avoir quarente cinq & chasse,
Le jeu me suyt, malheureté m'aterre
Pour entonner goutte, fiebvre, catherre,
Froid, chault, faim, soif, pulces, pulnaises, &
    poulz
Boutz, mal de dentz, rongne, entrac, morve, toux
Viennent souvent ; & fault pour l'advenir
Paovre friant, & vieillard devenir.
Chascun congnoist que j'escripve & que baille
Aprés les biens que voy qu'on donne & baille
Assez aux ungs, & vers moy on est chiche ;
Je cherche & quiers, je frape aux huys, & maille,
Et si ne puis crocquer la seulle maille ;
Vous m'aymez-mieulx, ce croy, paovre que riche.

S'il peult venir bribe , loppin , ou miche ,
Fuſt Prieuré , Prebende , ou Abbaye ,
Je n'euſſe pas fort la chere esbaye ,
Et ne ſçauroit neſung ſi toſt la rendre
Entre mes mains , qu'on la me verroit prendre ;
Pourray-je avoir le blanc ſigné ou ſigne
Ou attrapper comme bon cueur l'aſſigne
Aulcun myllourt de noſtre voyſine ,
Pour congnoiſtre à quelque planette ou ſigne ,
Ou luy donner ſi bonne medecine ,
Qu'il avallaſt ung peu de reſigné ;
Le beau vaceau ſeroiſt toſt conſigné ,
A la charge d'en payer dix pour cent :
Mais je ne treuve ſi dupe ou innocent ,
De qui on ſçeut deffrocquer la deſpoulle ;
Avant coucher homme ne ſe deſpoulle.
Et qui pis eſt , quant bien je recommande
Mon petit cas , & que je vous demande
Ung ſeul loppin , qui n'eſt des plus maſſifz ,
Je cuyde lors que cela ſe commande ;
Mais quelc'un vient qui la happe & gourmande,
Et fait rapport que j'en ay cinq ou ſix :
Pleuſt or' à Dieu que deux motz bien aſſis ,
Vous euſſe dit & monſtré qu'il en eſt ;
Helas ! Sire vous voyez bien que c'eſt ,
Je vous ſupply' d'y vouloir donner ordre ,
Je meurs de faim , & ne treuve que mordre.

Mieulx que pis.

Dudict Cretin à Monseigneur Duc de Valoys, Conte d'Angoulesme à present Roy.

F I L Z de Minerve, amy des Dieux haultains,
Que gaigneray-je à m'ayder d'yeulx haulx tains ;   [fres
Si clair ne voy luyre dedans tes cof-
Le mien escript ? J'ay nombre d'ans, telz que offres
Ne te puis pas de valeur presenter,
Combien que si se va l'heur prés hanter
Sur ce papier ne restant que à transmettre ;
J'espere assez, voire sans quatre ans mettre,
Rendre aisement ceste epistre acomplie ;
Mais en lisant une epistre à complie
Arsoir, Desir tout à coup vint se offrir
Joignant mon cueur ; or il convint souffrir
Crainte avec luy, lors de sorte qu'on bat,
Va dire il fault que icy forte combat,
Dont le mien sens certes devint perplex ;
Car des propoz eut plus de vingt par pledz
Contrarians ; Desir veult plume prendre,
Crainte luy dit tu pourras plus mesprendre
En présumant ton escript mettre en voye,
Qui n'est pas tel que main de maistre envoye,
Qu'estre par doubte & remise assommé.
Desir respond, erre mise a sommé
La main d'escripre, on m'a prouvé l'emprise
Crainte replique, homme approuvé l'en prise,
Mais bien souvent la main tendre & lasche oze
D'huy à demain plume estendre à la chose,
Dont ne peult bien parvenir à ses fins,
Car moyens n'a d'y venir assez fins.

Desir

Defir reprend accés, & paffe avant;
Demandant fi affez eft pas fçavant
Celluy par qui tout cela commença,
Pour excufer, tant en là comme en çà,
Le gros & lourt geƈt d'efcripre eftourdy,
Qui follement au defcripre eft ourdy;
Crainte au vain cueur la befongne retarde,
Defir vainqueur congnoift que l'heure tarde,
Car il pretend offrir humble fervice,
Et aprés d'art commun bleffer vice
D'ingratitude, & grant tribut d'honneur
Rendre à celluy qui en eft le donneur.
Crainte a fur quoy quiert eftre ma compaigne,
Defir fur foir & matin m'acompaigne,
Et par ainfi entre fes deux m'accorde
Faire fonner au procés d'eulx ma corde.
Mais que pourray-je à toy fleuron de lys
Sonner à poinƈt? en ta fleur ont delicz
Pan, Orpheus, & Apollo; les fons
De leur mufique au tien plaifir laiffons,
Les Mufes t'ont de leurs chantz fans difcordz
Organifé trop mieux que aultres dix corps;
Nature a faiƈt chef d'œuvre d'excellence
En ta perfonne, ainfi m'ayt Dieu, fi elle en ce
Povoit plus faire à l'œil on le congnoift;
Claire vertu que l'on voit, & qu'on oyt
Reluyre en toy, porte augure & prefage
Que immortel loz obtiendras aprés aage;
In facie legitur fi mes ditz
Sont annexez, fi je mentz ou mefdis,
Le jugement en eft tout manifefte;
Diray-je plus? Defir fort m'en infefte,
Mais Crainte dit que me feray noter
De flaterie; or fans mettre ne ofter,
Je ditz que fi telle bonté compare
Devant noz yeulx, il eft requis qu'on pare

N

Ruë & sentier où ton pied passera ;
Dont tiens celluy qui a tel pas sera
Tresfort heureux. Car si tant de vertus
Sortent dehors, prou biens descouvers teuz
Reffloriront, & produiront à temps
Fruict de valeur ; certes je m'y attendz,
Par les rapporz précedens qu'on m'a faictz
De tes bontez, non de gens comme affectz,
Ains estrangiers tenant la plante heureuse
Qui a produict telle fleur plantureuse ;
Mais en voyant le tien port si affable,
Sans leur recit vouloir tenir à fable,
Je y ay trouvé trop plus que ouy n'avoye,
Et se en mes chantz, cantiques, ou hymnes avoye,
Qui resonnast son de doulce louenge ;
Je faictz le veu à celluy que louë Ange,
Qu'en peu de jours, heures, & moins mynutes
M'efforcerez à emplir mes mynutes
D'humbles salutz & actions de graces.
Pour l'heure entendz prier si undes graces
De mer flottant ont mis Angloys en terre,
Que à coup de lance & picque on les attere,
Qu'on frappe acoup, si frapper on y a ;
Mais quoy j'entends sauf le *Per omnia*,
Que reste il plus du Cretin enquerir ?
Ses fleurs sont hors ; où peut-il en querir,
Que au tien vergier, trés digne fleur esleuë ?
Si de ta part la sienne epistre est leuë,
Disant sans plus ces motz, elle est passable ;
Tout aussi vray que succre n'est pas sable,
Il portera visaige, que appellans
Ne portent pas, & de tous Capellans
Se extimera le plus hault en degré ;
Te plaise donc le recepvoir de gré.

Dudict Cretin au Roy. Françoys Premier
& present, pour ce que l'on luy avoit
dit qu'il estoit cassé de ses gaiges.

UICONQUES veult l'estœuf
d'argent toucher
Au jeu Royal, doibt de main ou ra-
quette   [cher,
S'il peult ses copz bas & roide cou-
Soit que le jeu seul jouë, ou qu'il naquette ;
Mais s'entrebont & volée il n'aquette
Le sort eureux, n'y preigne trop d'esbat ;
Et si malheur cause sur luy débat,
Use tousjours de gracieux langaiges,
Et dye aux Dieux, si de faulte on me bat,
A tout le moins que je garde les gages.
  En ce tripot fault de bon pied marcher,
Avoir main seure, avec œil d'eschauguette,
Car à la fin faulx bon ou mesmarcher,
Donne le sault à qui bien ne s'en guette ;
Pour bien joüer n'est besoing qu'on caquette,
Souventesfois tel peut faire ung sabbat,
Que aux coups donner de luy mesmes s'abbat.
Or suis-je abbaz, dont affiers que allegue eages,
En suppliant, puis que chascun s'esbat,
A tout le moins que je garde les gages.
  Le principal se tire au descocher,
Et les despens, s'il advient qu'on banquette ;
Qui perd il paye en trouvant l'escot cher,
Quant fault laisser pourpoinct, robbe, & jaquette ;
Si ne pretendz sonner à la cliquette
Ce qu'ay perdu d'ampaulmer, dont le bast
Me blesse fort, & qu'il n'y destourbast
L'escript present, en troussant mes bagages,
N ij

Voluntiers deiſſe , ains que le ſort tumbaſt ,
A tout le moins que je garde les gages ,
ENVOY.
Sire on m'a mis en blancz draps au grabat
De voſtre eſtat, ce gouſt mon cueur abbat ,
Plus que l'aigreur d'herbes & fruictz bocages ;
Se bien ne ſers à plain vol ou rabbat ,
A tout le moins que je garde les gages.

Mieulx que pis.

Dudict Cretin au nom de la Chapelle du bois de Vincennes , audict Seigneur.

U Roy Françoys pretend faire ung port
         port   [port
L'eſcript preſent , s'il peult venir à
De ſeur accés pour harengue de celle,
Qui ſon beſoing par requeſte deſcelle
Y eſperant octroy d'heureux apport.
    Tréshumblement requiert , prye , & ſupplye
Celle où dueil croiſt & l'eſperance plye ,
Comme ainſi ſoit que en ce royal ſesjour ,
Vincennes dit , euſſiez voüé ce jour ,
Où Dieu d'ung filz vous auroit la par ‿ faicte ,
Elle ſeroit reparée & parfaicte ;
En quoy n'appert voſtre eſperer deçeu ,
Car ce meſme an fuſt par le monde ſçeu
Ung beau filz nay , auſſi lyeſſe née
Quant on congneut la partie aſſignée
De voz deniers , pour hyver comme eſté
Y beſongner, où a maint homme eſté
De tel endroit , que la veuë aſſez preuve
Que bons ouvriers y ont faict bonne eſpreuve ;
Et s'il advient qu'on aſſigne actions

Pour calculler les affignations,
Sans nulle faulte on trouvera la mife
A la recepte en fomme efgalle admife ;
Et jufques huy deniers on a filez,
Pour rendre oultilz des ouvriers affilez.
Mais guerre, las ! cefte chance a tournée,
Tellement qu'eft fimplemet atournée
La fuppliante à la pluye & au vent,
Sans nul taudis, couverture, & auvent,
Voyre en peril eminent de morfondre,
Voyant les bois jufques prés Sainct Maur fondre;
En quoy congnoift tout homme d'efperit,
Que par deffaulte de couvrir, depperit,
Et que fauldra, comme au feu faict la cire,
En peu de temps. Ce confideré, Sire,
Veu mefmement que par divins octroys,
D'ung filz requis attente avez à troys,
De tel efpoir, ainfi que homme vieil laiffe
Armes porter, voz appuys de vieilleffe
Fermes feront & defenfifz baftons,
Pour ennemys mettre en chantz de bas tons.
Vous plaife donc rendre icelle accomplye,
Affin que Dieu à Meffe & à Complie
Y foit fervy, & puiffiez meriter
Loz eternel qui peut l'ame heriter ;
Ainfi aurez pour bien petites fommes,
Grace de Dieu, & louenges des hommes.

Mieulx que pis.

Dudict Cretin audict Seigneur.

J A D I S Villon gaigna le jeu pour bon,
En recevant par ung Duc de Bourbon
Certains escutz, soubz asseurée en-
tente
Ne debvoir riens perdre, fors attente,
Se la forest de Pastay rencontroit,
Et gland l'année en vente bonne entroit,
Lors promettoit avoir main apprestée
De satisfaire à la debte prestée.
A ce propos, si ce gentil Villon
Reçeut soulas pour ung peu de billon,
Nay-je raison ores m'esjouyr, Sire,
Quant paovreté, qui me vouloit occire,
Avez de moy si bien faict eslongner,
Que plus ne peult grommeler, ne hongner
Melancolye, à l'heure que repose,
Ou que la main sur l'escripture pose ?
Qui congnoistroit le grant plaisir reçeu,
Lors que en l'acquit par belle lettre ay sçeu
Comme ordonnez que je touche pecune,
On me pourroit, sans faire doubte aulcune,
Bien extimer, à ung seul regard d'œil,
Avoir le cueur exempt d'ennuyeux dueil.
Raison pourquoy ? par vous huy me voy riche,
Et hyer estoit ma paovre vigne en friche ;
Hyer convenoit manger mon bled en verd,
Et aujourd'huy prou pain ay recouvert ;
Marchantz taquins, usuriers, incredulles
Pour recongnoistre ou nier mes cedulles,
Me feirent hyer adjourner & citer,
Et aujourd'huy je faictz soliciter
Tous mes Angloys, pour les restes parfaire,

Et le payement entier leur satisfaire.
Sire je voy que entre avoir & debvoir
Grant tare y a , qui peult avoir avoir
Est bien servy , on faict ce qu'il commande ,
Mais par debvoir, c'est force qu'il demande.
J'ay beaucoup deu , vous m'avez acquitté ,
Et rendu nect sur mon antiquité.
Parquoy Desir tresfervent m'en anime ,
Fault hault loüer la vertu magnanime
De vostre cueur. O liberal donneur !
Quelz grans mercys , & quelz tributz d'honneur
Par actions de graces puis-je rendre
Devant voz yeulx ? oseray-je l'emprendre ?
Ay-je sçavoir pour bien estre advisant
D'en faire escript ? mais suis-je suffisant
D'y praticquer aulcun moyen habile ?
Certes nenny ; j'ay memoire labille ,
Rude & pesant en langaige me sens ,
Foible de advis , & debille de sens :
Parquoy me fust besoing empreunter stille
D'ouvrier meilleur, qui doulx escriptz distille ;
Car le mien gros , incongneu , & rural
Ne peult assez tel acte liberal
Magnifier. Doncques fault que je nage ,
Ainsi que faict ung enfant de jeune eage ,
Qui dedans l'eave à tart se poulse avant ,
Quant au nager voit estre peu sçavant.
Honte meslée avec frayeur & crainte
Me tiennent pris en si grosse contraincte ,
Que à pe ne sçay si doy propoz ouvrir ,
Ou si ma honte en taisant doy couvrir.
De l'autre part je considere & pense ,
Que offrir ne puis meilleure récompense ,
Fors vous bastir harangue & oraison
D'honneste excuse, assez y a raison ,
Veu que m'avez celle boutique ouverte ,

N iiij

En quoy congnois ma perte recouverte ;
Car voz biens faicts & gracieux octroys,
Excedent ceulx des deffunctz aultres Roys
Que j'ay servy au printemps de mon eage,
Qui neantmoins n'ont accreu le mesnage
De mon tynel, leurs dons n'eurent effectz
Pareilz à ceulx que en peu jours m'avez faictz,
Mais puis qu'il n'est possible en ma puissance
Vous rendre deuë & plaine obeissance,
Qui ores deusse estre baisant les pas
Par où marchez, & que n'y allez pas
De morte main, mais franche & liberalle,
Que aysance n'ay bien ample & generalle
Graces offrir, veu mon petit valloir,
Vous plaise, Sire, accepter le vouloir,
Car en ma foy si le povoir avoye
De bon endroit, souvent yroit par voye
Mon mieulx que pis, lieu & place elisant,
Pour recréer auditeur & lisant,
Et vous monstrer par curieuse estude,
Que vueil fuyr vice d'ingratitude.
Pour mettre fin à ce present escript,
Reste prier au benoist Jesu-Christ,
Que bonne vie & longue vous octroye,
En bruyt voller plus loing que Hector de Troye ;
David piteux en bonté exceder,
Aux jugemens Salomon succeder,
Et du trenchant de flamboyante espée
Julles Cesar, Scipion, & Pompée
Oultrepasser, pour au gré du plaisir
Parfaire en tout vostre royal desir.

Mieulx que pis.

Dudict Cretin, au nom de la Royne Marie, à Madame la Duchesse, à présent Royne de Navarre.

RISTE en pensée, & piteuse en la face,　　　　　　[ce,
Plongée au lac de pleur qui joye effa-
Prinse au destroict d'infortuné mal-
heur,
Et submergée au gouffre de douleur,
Je, las ! doulente, angoisseuse, adveillée,
Vefve estrangiere afflicte & desoléc,
A qui puis ore escripre les complaintz
Du mien regret que tant lamente & plaingz ?
A qui devront mes pleurs, sangloutz, & cryz
Estre monstrez par douloureux escriptz ?
A qui pourray rendre claire & apperte,
La trés extreme & excessive perte,
Qui le mien cueur trenche & navre d'aigre ire ?
A qui m'est huy plus loisible d'escripre
Ce grief excés, sinon à ceulx & celles
Qui d'amour ont les vifves estincelles ?
J'entendz amour fondée en charité,
Ne pretendant sur la prosperité
De ses amys, non plus que quant traverse
Sur eulx fortune, & fort se monstre adverse ;
Vraye amour croist entre amys, voire & dure
Sans fin, combien que adversité soit dure.
Puy-je encontrer gens de telle amytié,
Qui de mon cas ayent quelque pitié ?
Doy-je mander, pour mon dueil divertir,
En Angleterre, & mon frere advertir
De ce meschief ? il est bon à sçavoir,
Que assez en peult la congnoissance avoir.

Je croy que luy & ceulx de son pays,
Auront esté de ce fort esbahys,
Le myen ennuy cause ample leur depart,
Pour me debvoir me plaindre ceste part.
Doy-je adresser ma douloureuse Epistre
A celle Dame ayant pris nom & tiltre
Que je delaisse avec couronne & septre ?
Non ; elle peult & doibt en lyesse estre,
Mon regreter refreschiroit son dueil,
En ramenant souspirs & larmes d'œil.
S'elle a douleur du trespas de son pere,
Joye y survient, qui ce courroux tempere,
Du sien espoux ayant tiltre de Roy :
Elle a donc joye, aprés ce grant desroy,
C'est bien ung cas pour debvoir s'esjouyr,
Et hors douleur de joye assez jouyr ;
Joye & douleur se devisent en deux,
J'ay la douleur, joye est compaignie d'eulx,
Plaisir les suyt, & il convient que j'aye
Longue douleur aprés si courte joye ;
Si ay-je espoir soubz leur franche tutelle,
Estre traictée à gré de luy & d'elle ;
Perdant son pere ay perdu mon mary,
Dont à bon droit ay tant le cueur marry,
Que plus ne puis plaisir prendre à quelque œuvre.
On.dit bien vray que qui pert & recœuvre,
Ne sçait qu'est dueil ; mais, las ! tout ay perdu,
Sans recouvrir. Triste cueur esperdu !
Où penses-tu avoir aucun recours ?
Par fantasie erres, cours, & recours,
Et n'as à qui descouvrir tes ennuys ;
Tes beaux jours sont bien tost tournez en nuictz.
Que dy-je lasse ! estre sans appuy d'ame,
Se pitié gist au cueur de jeune Dame,
Vertu, bonté, benigne humanité,
Doulceur humaine, humble benignité,

Graces & dons de nature , & fortune ;
J'en ay ouy eſtimer ſi fort une ,
Que ſi mes diƈtz ont ſeur accés vers elle ,
Des maulx que j'ay fera univerſelle
Plainƈte & clameur , pour recueil de regretz
Si exceſſifz , que durs aſſaulx des Grecz
Sur les Troyens ne taingnirent couleur
D'obſcurité , telle qu'eſt ma douleur.
Qu'en diras-tu , Dame de renommé ,
Et riche plume en la terre nommée ,
L'autre Mynerve en prudence & ſçavoir ,
Saige Judith par bien conſtance avoir ,
Seconde Heſter humble , doulce , & benigne ,
Belle Rachel , où grace feminine
Gaigne envers tous degrez d'affeƈtion ,
Pour la grandeur de ta perfeƈtion ?
C'eſt toy où ſont tant de biens entaſſez ,
Que ſans mentir le moins ſeroit aſſez
Pour acomplir tréſors de ample richeſſe ;
C'eſt devers toy , trés illuſtre Ducheſſe ,
C'eſt devers toy que ceſte lettre tire ,
Pour declairer l'excés du mien martyre ,
Tu le congnois ; mais de tant que le cueur
Deſire avoir quelque doulce liqueur
De reconfort en crevant l'apoſtume ,
Qui jour & nuyƈt ſa penſée acouſtume
Ronger le mors d'ung ſi grant faix qu'il porte ,
Quant ung petit ſent entreouvrir la porte
Et ſes ennuys deſploye au vent legier ;
Cela le faiƈt quelque foys alleger.
Se j'ay trouvé grace devant tes yeulx ,
O ! ſeur de Roy qui tiens le gracieux
Don de parler , ſi qu'en maniere gente
Es en tel art principalle regente ;
Donne faveur & le ſupport à tiltre
D'acception à ceſte mienne Epiſtre ;

Se j'ay vers toy le don d'amour acquis,
Et tel accés que mon defir a quis,
Se je merite en cefte terre nom
D'honnefte tiltre & louable renom,
Et fe l'excés de mes griefz a loy d'eftre
Mys en la main de plume affez adextre,
Pour devant toy tenir forme d'efcripre,
Et les douleurs de ce malheur defcripre;
Je te requier luy faire preft du ftille
Trés eloquent que la tienne diftille.
Dy moy amye en faine confcience,
Dy fe j'ay befoing de bonne pacience?
Demande & prie aux paffans par la voye
Leur advis fur ce, & que chafcun là voye
Se Royne en France eut oncq' telle douleur;
Je ne pretens aultre chofe du leur,
Fors qu'il leur plaife avoir fans fiction
Quelque pitié de mon affliction.
Princes de nom decorez, & veftus
De riches loz & moralles vertuz,
Plaignez le dueil de la Royne Marie,
Adjouftez R. il fault dire marrie;
Marrie, helas! la caufe eft affez ample.
Tous nobles cueurs prenez icy exemple,
Voyez fortune ainfi que aujourd'huy verfe;
Doulce à aulcuns, & à aultres diverfe.
Ne doy-je dire à malheur eftre née,
Dont cas fatalle m'a ainfi eftrenée?
Troys moys fans plus me trouver eftre Royne,
Pour recepvoir une fi malle eftreine!
Cueur affligé fans caufe ne foufpires,
Ce jour de l'an t'eft le pire des pires:
Or puis-je bien le gros biz efmyer,
Car j'ay mangé mon pain blanc le premier.
Fondez en pleurs mes yeulx, & rendez eaulx;
Si que de vous fortent deux grandz ruiffeaux,

Qui fans ceffer chauldes larmes degouttent,
Affin que ceulx de ce bas monde gouftent
Que Marie eft bien dicte mer amaire.
Quant le trefpas vient à pere ou à mere,
Le dueil eft grand, & trop fe defnature
Qui ne s'en doult felon deu de nature ;
Mais feparer cueur d'homme & femme uniz
Par mariage, d'amytié muniz,
Quelle pitié ! quel piteux appareil !
De tel divorce au monde n'a pareil ;
Helas ! c'eft trop piteufe départie,
Et mefmement quant chafcune partie
Loyaulment ame & de ferme vouloir.
Certes, amye, affez ne puis douloir,
Car j'ay perdu le myen efpoux & pere,
Qui me tenoit en eftat fi profpere,
Qu'en rien jamais il ne m'euft contredicte.
Cruelle mort, felonne, & interdicte,
Tu m'as tolu mon Seigneur & amy,
Que on ne m'appelle à jamais Noëmy ;
Noëmy, las ! n'eft ce beaulté pour plaire ;
Des triftes fuis le piteux exemplaire,
De plus dolente en ce monde n'eft une.
Lafche Eolus, & toy faulx Dieu Neptune,
Trop feuftes vous chiches & negligentz,
En m'efpergnant fur mer plus que mes gens ;
Quel offre grand, quel fervice ou fuffraige
Vous fut faict, lors qu'un perilleux nauffraige
Ne me gecta en terre fi loingtaine,
Que encores fuft la nouvelle incertaine
De mon retour ? undes impetueufes,
Gros tourbillons, & vagues fluctueufes
Pour quoy ne feuz par vous gettée au fondz
Des antres creux & abyfmes profondz?
Horribles ventz, tempeftatifz oraiges,
A quel effect fortirent voz ouvraiges,

Que voisle, mast, cordage, nef, & barque
Ne feistes rompre & submerger pour marque ?
Monstres marins, bestes espoventables,
Dragons volans, baleines redoubtables,
Que n'eustes vous povoir de devorer,
Et transgloutir mon corps sans savourer ?
Se à Dieu pleust ne m'arguer du dire,
J'aymasse mieulx, tant ay le cueur plain de ire,
Avoir esleu sepulture en la mer,
Que aprés doulceur si fort gouster l'amer.
Cela pourtant n'est à dire que vueille
Blasmer aulcun, ou que me plaigne & dueille
De France franche, humaine, & doulce terre ;
Car oncques fille extraicte d'Angleterre,
N'eut & n'aura si triumphant recueil
Que j'ay reçeu à si grant gloire, que œil
Ne sçauroit veoir faire à Royne ou à Roy
Reception de plus pompeux arroy.
Mais que reste-il ? c'est vaine gloire au monde,
Passant ainsi legierement comme unde ;
Chier couste honneur de si courte durée
Pour en avoir telle peine endurée.
Amye, or ça si ma parolle acceptes,
Heure esliras pour donner lieu à cestes,
Qui ne sont pas, à dire le vray, dignes
Trouver entrée en la table où tu disnes ;
Elles ne sont en nulle mode certes
Pour en avoir d'ung tout seul mot dessertes :
Mais, comme sçez, d'habondance du cueur
La bouche parle, & riens n'y cherche que heur.
J'espere en Dieu que ta priere m'ayde
A recevoir moyen d'aulcun remede ;
La Dame ayant de lyesse ample aisance,
Nourrie en paix, & traictée à plaisance,
Doibt secourir, & ayder ferme & fort
Celle que voit souffrir si grief effort,

Et mesmement quant touchant tel' affaire,
Sçait & congnoist tout ce qui est à faire.
A ce propos plaisir as & moult joye,
Le prix, l honneur, le trésor, la montjoye
D'heureux souhaitz, aysé ton cueur nourrit;
Dy luy, mon cueur, se fortune nous rit,
Mercions Dieu, & nous esjouyssons
Dont du souhait desiré jouyssons.
O! quel plaisir veoir en fleur de son eage
Ton frere Roy, & ung tel personnaige,
Droict, élegant, tiés magnanime, affable,
Prudent, & preux, qui foy n'adjouste à fable.
Et veu le cas qui me rend doloreuse,
Dieu remercie, & me repute heureuse;
Car bien puis dire estre tumbée és mains
Du plus courtois Prince de tous humains.
Or donc puisque es de tel plaisir remplye,
Et moy d'ennuy, tant que par terre en plye,
Je te supply' mesle ung peu de ta joye
A ma douleur, que de toy ung mot je oye
Consolatif, & promptement m'escriptz
Comment pourray donner treve à mes criz,
Tu me pourras infortunes à tas
Ramentevoir, mesmes femmes d'estatz,
Et m'escripras qu'en desolation
Aux malheureux est consolation
Avoir pareilz dolentz & miserables,
Et que douleurs en sont plus tollerables:
Certes, amye, assez ay leu en livre
Ce mot commun, mais cela ne me livre
Allegement de dueil, que bien peu non,
Et si ay sçeu maintes femmes de nom
Avoir souffert grande perplexité;
Mais oncques cueur ne fut par plait cité
Si asprement, qu'est le mien triste & las,
Plain de regretz & immortelz helas.

Pour mettre fin à l'Epiſtre préſente ,
Que affection de ma part te préſente ,
Recorde toy mettre la plume en œuvre ,
Et prens en gré la ſorte dont en œuvre
Le touchement , tel que je l'ay ſçeu prendre ,
Qui ſoubz ta main deſire bien aprendre ,
Pour adoulcir la ſcience moult aigre à ce.
Si prie Dieu qu'il vueille par ſa grace
Multiplier le bien qu'en France a mis ,
Pour veoir tousjours noz freres bons amys ,
Et du feu Roy , dont le corps giſt ſoubz lame ,
Laſſus au Ciel luy plaiſe loger l'ame.
Amen.

Dudict Cretin au nom du Duc Charles de Bourgongne aux Bourguignons, Holandois , Zelandois , Flamengz , & Brabançons.

A Vous Flamengz , Brabançons , Ho-
landois ,   [landois ,
Fiers Hennuyers , Bourguignons , Ze-
Et faulx ſouldars , mutins , imitateurs
De foy mentie , & de paix infracteurs ,
Pour ſalut , honte , horreur , mendicité ,
Meſchanceté , triſteſſe , adverſité ,
Douleur , tourment , mort , malediction ,
Deſeſpoir , peine , & tribulation.
Comme rapport courant quant & le temps ,
En publiant les guerres & contentz
Qu'entretenez , m'ait donné congnoiſſance
Que vous meſchans par deſobeiſſance ,
Portant le nom de Belgiques Gauloys ,
Pervertiſſiez l'ordre des Sainctes Loix ,
Et comme faulx , deſloyaulx ſeducteurs ,
Simulatures,

Simulateurs, ypocrites, menteurs ;
Seminateurs d'ordure & zizanie ,
Dont rude peuple enflé de felonnie ,
Par folle erreur finiftrement guidée
De temeraire aftuce oultrecuydée ,
Manifeftez voftre cueur defloyal
Eftre ennemy du hault feptre Royal
De voftre Chef & Souverain Seigneur ,
Qui tous vous rend tributaires d'honneur.
C'eft ceftuy-là que ores debvez clamer ,
Le Roy regnant fur terre & en la mer ;
C'eft luy qui a par prudence & fes artz
Pafsé la loy des Empereurs Cefars ;
Ceftuy aprés dompter toutes Italles ,
Subjuguera Marches Orientalles ;
Sçavez vous qui ? & c'eft , vueillez ou non ,
Le Roy Loys Douziefme de ce nom ;
C'eft ceftuy-là qui voftre malencontre
Corrigera , fi tenez à l'encontre.
Contre le lys d'influence celefte
Vous efforcez donner griefve molefte ,
Pour exaulcer , porter , favorifer ,
Mettre en avant , prifer , authorifer
Le vicieux pere d'ingratitude ,
En vous monftrant , par curieufe eftude ,
Confederez , aliez , & fubmis
Aux anciens criminelz ennemys
Du Royal Trofne , & Coronne de France ,
Dont fouffrerez gref mefaife , & fouffrance.
Jadis empris , par ma préfumption ,
En France faire afpre confumption
De Villes, Bourgs , Chafteaux, Tours, Forterefles,
En plufieurs lieux femay dures deftrefles
De dueil confict en venimeufe raige ,
L'aigre defir de mon cruel couraige ,
Par durs affaulx & furieux allarmes ,

O

Caufa piteufe effufion de larmes ;
L'aufterité de mes verges finglantes
Rendit mes mains de fang toutes fanglantes ,
Soubz la fureur de mes dartz rigoureux ,
Furent plufieurs chetifz & langoureux ,
Monftiers deftruictz , pucelles defflorées ,
Force orphelins & vefves efplorées ,
Chafteaux bruflez , Faulxbourgs , Villes , Villages
Prindrent ruyne aux faix de mes pillages ;
Devant Paris , à Beauvais , & à Nuz
Tins fiege affez , fans proffiter à nulz
De ces trois lieux , nonobftant les effors
Et durs affaulx , je n'en rapporte fors
Confufion , honte , hayne , & vergongne ,
Perte , & dommaige au pays de Bourgongne.
Se mal me print de fi folle entreprinfe ,
Penfez vous point qu'en faifant la reprinfe
De ce procés , vous advienne ainfi
Que moy qui fuz occiz devant Nancy ,
Aprés monftrer oultraige d'excés ample ?
Machez ces motz , & y prenez exemple.
Ignorez vous les triumphes & faictz
De ce Roy plain de vertueux effectz ?
Ne fçavez vous quantes haultes victoires
N'agueres eut ? trouvez vous en hyftoires
Actes fi grans ? confeffez verité ,
Et reffrenez voftre feverité ;
Confiderez le fumptueux arroy
Qu'il tient en tout ce qu'il appartient à Roy.
C'eft ceftuy-là qui à poincte d'efpée
A furmonté le renom de Pompée ;
Sa grant prouefle a merité partaige
De loz , plus que Scipion de Cartaige ;
Son dextre bras à fuftz & fers de lance
A exercé telz exploictz de vaillance ,
Que bruyt en volle hors toutes nations

Tant vers les Cieulx , que és baſſes manſions,
Dire du bien de luy ſuis ores aſtrainct ,
Hector de Troye à cela me contrainct ,
Tous ſes faictz a comptez & ramenteuz
Devant le grant Juge Radamanthus ,
Qui par deça pugnit deffectueux ,
Et lieu tranquille aſſigne aux vertueux.
Audict Hector a place diviſée ,
Pour ſa vertu , au beau Champ Elizée ;
Et je chetif prés du creux umbrageux ,
Suis priſonnier pour mes faictz oultrageux ,
Cris & pleurs ſont mes obſeques funebres ,
Et geis parmy bruyneuſes tenebres ,
Juſques à ce que purgé ſoye à certes
De toutes mes criminelles deſertes.
Or s'eſt voulu celluy Hector embatre
Gecter ſon gage , affin de me combatre
Pour ſouſtenir la querelle de France ,
Diſant qu'il eſt de bon cueur offrant ce ,
Comme vray tronc de premiere origine ,
Dont la vertus cueur Françoys morigine ;
Il ſçait trés bien que moy eſtant en vie ,
Jamais ne prins couraige ne envye
De me renger , comme vaſſal doibt faire
Vers ſon Seigneur en tout urgent affaire ;
Mais contre droict , equité , & raiſon,
Je preſumay eſtre en comparaiſon
Egal à cil à qui debvons hommage ,
Pour mon prouffit faire d'aultruy dommage :
Il ſçait auſſi ung cas qui le cueur mort ,
Que mon ayeul feiſt celluy mettre à mort
De ce bon Roy , & pour telle coulpe
Eſtre vengée , il eut de tel pain ſouppe.
Ce furent cas , comme l'hiſtoire enſeigne ,
Si odieux , qu'encor la playe en ſeigne ,
Et ſeignera , ſe tant vous mutinez ,

O ij

Que demourez ingratz, & obſtinez.
Pour eviter le combat perilleux
Du preux Hector, puiſſant, & merveilleux,
J'ay déprié que delay ſçeuſſe avoir
D'ung moys ſans plus ; ſi vous fais aſſavoir,
Que des malings deſirs ſoyez vaincueurs,
En gettant hors les erreurs de vos cueurs,
Et de voz yeulx oſtez les ruyneuſes
Obſcuritez, toutes caligineuſes,
Recongnoiſſez la ſplendeur du beau Lys,
Les biens, prouffitz, ſolacieux delis,
L'emolument, & grant commodité
Qui vous viendra quant aurez medité
Et propoſé telle erreur renverſer
D'avec loyaulx Françoys, & converſer.
Soyez enclins rendre à main eſtenduë
A voſtre Chef obeiſſance deuë,
Ou aultrement famine, tyrannie,
Guerre inhumaine, auſtere felonnie,
Combuſtion de Tours, Chaſteaulx, & Villes ;
Effuſion de ſang, navreures viles,
Fouldres du Ciel, orages, & tempeſtes
Dedans brefz jours tumberont ſur voz teſtes,
Avec maulx ſi divers & terribles,
Que ſerez comme eſpoventaulx horribles,
Monſtres hydeulx & douloureux ſpectacles,
Par les trésfortz impetueux obſtacles
Que trouverez ung jour de ces demains,
Dont grant horreur auront tous cueurs humains,
Si donnez foy & creance à l'Epiſtre
Que vous tranſmetz, & acquerez le tiltre
De vrayz vaſſaulx & ſerviteux feables,
Ou je vous donne & livre à tous les Diables.

Mieulx que pis.

Epistre envoyée à feu Monsieur l'Admyral, par ledict Cretin.

INSI que don s'extime mieulx que
    achept,
La main qui signe excede le cachet.
Pour ce supply'au Roy signer ma lettre,
Aultrement suis en danger de mal
    estre,
Veu le reffus qu'on m'a faict à seeller
Le myen acquict. Doncques fault haulser l'air,
Car en mautemps si sur moy gresle ou neige,
D'estre à couvert bonnes esperance n'ay-je.
Pleust or à Dieu que jamais Chancellier
Ne fust logé fors en meschant cellier,
Tant que si fort espargnera la cire.
Or, Monseigneur, dictes donc ; helas ! Sire,
Vous plaist-il pas, puisque le don est faict
A ce Cretin, qu'il viengne à bon effect ;
De trop auroit courte joye en l'affaire,
Et ne sçauroit sa besongne là faire :
Sur ce papier posez vostre signet
En beau Françoys apparent, & si net,
Que cause n'ayt cire mettre à l'enchere
Le Chancellier, & ne soit de l'an chere,
Au moins à gens que desirez pourveoir.
Considerez qu'avez des yeulx pour veoir
Ceulx qui soubz vous en ce bas monde servent,
Et qui le bien aulcunement desservent.
Ce sont les motz requis touchant son cas
A dire quant bourse couche en son caz ;
Si n'est besoing que sur ce vous enseigne,
Mais par despit fault que du nez en seigne,
Et la raison, ainsi que appert le sens,

C'eſt que qui perd le ſien , il perd le ſens.
Plus n'en dy fors que vous pry' aydant m'eſtre
Du bon endroiĉt vers le Roy noſtre Maiſtre ,
Auquel Dieu doint le bien qu'en terre quiert ,
Et vers le Ciel ce qu'il veult & requiert ,
Vous faire oĉtroy de longue vie & ſaine ,
Autant de bien qu'en Aoiſe vy & Saine ,
Femme eſpouſer bien ſage & auſſi belle
Que fut jadis la Déeſſe Cibelle ,
Bien proſperer , poſſeder , & jouyr ,
Et beaux enfans pour voz cueurs esjouyr.

Mieulx que pis.

Dudiĉt Cretin à Jaques de Bigue Varlet
de Chambre des Roys Loys Douzieſ-
me , Charles Huiĉtieſme , & Françoys
Premier.

U E doybz-je ou puys en papier ou en
livre   [livre
Toucher eſcriptz , attendu qu'on me
Dueil ſur douleurs , & ennuytz ſur
ennuytz ?
De plaiſir n'ay le quart d'une livre ,
Et ne quiers fors du monde eſtre delivre ;
Car mes beaux jours ſe muent en noires nuiĉtz,
Je vois , je viens , je heurte d'huys en huys ,
Cuidant te veoir , mon bon amy privé ;
Mais je me ſens de mon cuider privé ,
Dont ſuis contrainĉt plourer de cueur & d'œil :
Chaſcun dolent plainĉt voluntiers ſon dueil.
    Auroit mon ſort de fortune permys ,
Que le fier dard de mort t'euſt à part mys ?
Ce me ſeroit ung rapport moult divers

Perdre si tost la fleur de mes amys.
Seroient rompus les loyaulx compromis
Que avons tenu tant d'estez que d'hyvers ?
L'on ne sçauroit declarer en dix vers
Le grief ennuy que j'auroye à porter ,
Qui me viendroit les nouvelles apporter
De ton decés , que Dieu ne vueille encor :
Ung bon amy vault plus largement que or.

   Je sçay assez & congnois que nous sommes
Et toy & moy subjectz à prendre sommes
De tel dormir que noz peres ont prins ;
Si deussions nous longuement vivre , se hommes
Doibvent durer , car de grans faix & sommes
De cure & soing ne fusmes oncq' espris ;
Bien envyz meurt cil que ne l'a appris ,
Et toutesfois guerre & mortalité
Rendent soubdain huy maint mort allicté ,
A qui ne fault robbe , pourpoint , ne chappe :
Contre la mort nul est qui en eschappe.

   J'ay tel regret de mon adversité ,
Que jà mon cueur se rend à vers cité ,
Et ne sent goust qui le face esjouy ;
Besoing me fust de controuver Cité
Pour posseder sans controuvercité
La liberalité dont longtemps j'ay jouy.
Quant lancement le tien homme ay-je ouy ,
Faisant rapport de ton dueil & mesaise ,
J'ay consenty n'estre au grant jamais ayse ,
Jusques ad ce qu'aye ta maint tenuë :
Amour vault moult quant elle est maintenuë.

   Je ne sçay plus que dire ny escripre ,
Mon passetemps est tout remply d'aigre ire ,
Et suis despit autant que peult homme estre ;
Qui bien sçauroit au vif mes yeulx descripre ,
On les verroit plustost plorer que rire ,
Puis le trespas du Roy nostre bon Maistre :
O iiij

En Paradis puiſſe avoir ſon ame eſtre,
Et nous doint Dieu grant zele & bonne envye
De le ſervir tant que ſerons en vie,
Pour obtenir enfin gloire eternelle ;
Bienheureux ſont ceulx qui ont part en elle.
   Mon bon amy ſe faire te ſçavoye
Aulcun plaiſir, cela s'en va ſa voye,
Je le ferois & de bien bon couraige,
Fuſt pour aller ſur les montz de Savoye,
Voire plus loing, ſe la puiſſance avoye,
La Dieu mercy j'ay cueur & encor aaige ;
Mais je te prie pour vent ou quelque oraige
Qu'il te ſurvient, prens tout patiemment,
N'offenſons Dieu, au moins pas ſciemment,
Et de tous maulx noz pechez deſlyon,
C'eſt pour la fin ; mieulx que pis : de Lyon.
   Par Cretin l'ung de tes bons amys,
   Qui en pleurant ſon nom icy a mis.

Dudict Cretin audict de Bigue.

D E ton eſcript reſponſif à ma lettre
Suis tréſjoyeux, ce que ne puis mal eſtre
                       [leſcer,
Quant je congnois te veoir conva-
Car plus n'eſt rien le mal qu'on va laiſſer,
Si le plaiſir perdu retorne en voye
Au maladif, & ſanté lui envoye.
Or mon amy les bons jours & ſalutz
Que vrays amans ont veu & pieça leuz
En eſcripvant epiſtres & cartulles,
Ungs & aultres te ſont bien deuz ; car Tulles
T'a herité de parfaicte éloquence.
Veu ton ennuy, je te priſe & louë qu'en ce
Qu'as jà ſouffert & encores peult ſouffrir,

Ton noble cueur defire & veult fe offrir
Patiemment porter & endurer
Perfeverant fe demonftre à durer.
　Si ne puis-je me trouver jamais ayfe ;
Te congnoiffant porter fi gref mefaife ;
Laiffe moy donc le plaindre & lamenter ;
Mais au furplus vueilles en l'ame enter
Qu'adverfité qu'en ce val piteux portes,
Te face ouvrir des haultains cieulx les portes ;
Congnois auffi que au cueur de tes amys
Ton defplaifir dueil angoiffeux a mys ;
Des amys j'en refponds & les fçay,
Tel que ce veulx les congnoiftre à l'effay,
Tu trouveras leur amour fi affable,
Que le parler ne fera prins à fable,
Et je qui fuis le moindre des mefchans,
En pleurs & plains vueil convertir mes chantz,
Jufques ad ce qu'ayes fanté recouverte,
Et que tes pas ayent la terre couverte.
Pourrai-je veoir mon amy travailler,
Et ce voyant mes yeulx mettre à veiller
A joyeux ris ? jà Dieu ne le permette,
Ains de mon corps mortel l'ame à part mette.
Me doibt-on veoir en jeux esbanoyer,
Quant par langueur voy ton esbat noyer
En lac profond, plain de larmes & plainctz ?
Dois-je chanter quant tu plores & plains ?
Puis-je dancer, & toy gifant en couche
Ne prends repoz ? effe droict que je couche
En mes efcriptz dict qui torne en plaifance,
Et de plaifir n'as pleine & ample aifance ?
Jamais, jamais, il n'en fault plus parler ;
Quant ung tel bruyt on me gecte par l'aer,
Dueil fur couroux, & cueur dolent m'efnerve.
Je ne vueil pas pour ce enfeigner Mynerve ;
Mais je te pry' ne dis que m'esjouyffe,

Car force m'eft que de telz metz jouyffe
Comme tu faitz : croy que mon efperit
Fond en pitié , & peu prés fe perit ;
Mais je loue Dieu qui te faict ainfi bien
Le recongnoiftre , & porter mal & bien
En gré pareil que font gens patiens ,
Dont l'on ne veoit de pareil pas ceans ,
J'entends ceans en noftre Court perverfe ,
Où tel repaift , qui avant foupper verfe.
Et à propotz, quant ta lettre contemple,
Dicticz y a pour en faire ung compte ample ,
Trés bien couchez , demonftrant ton fçavoir ,
Dont de pareilz voulfiffe bien avoir ;
Car les autheurs tant modernes que antiques ,
Ne feirent oncq' meilleurs dictz ne cantiques.
Tu es gentil , & gentil demourras ,
Perte fera quant au monde mourras ;
Comme tu ditz , ingratz font à reprendre ,
Exemple à eulx vueilles pour erre prendre ,
Faitz ton prouffit des paffez & préfens
Et fi malheur te faict divers préfens ,
Prens bon efpoir , car le fort de fortune
Tourne fouvent les ungs en bien fort une
Aultres à mal honte & vitupere ;
Mais par raifon jamais ne veis tu pere
Aulcunement deffaillir à fes filz.
Dame Cloto tient encores affez filz ,
Et Lachefis en main pour defvuider ,
Sans te laiffer de ce monde vuider
Par Atropos la Déeffe mortelle.
Vivons en Dieu pour mourrir de mort telle ,
Que par noz faictz meritons Paradis ,
Pour ung bien faict il nous en payra dix.
 Faict à Lyon , bien à hafte , d'ung homme
Ton vray amy , pour tel fe tient & nomme.

SUBSCRIPTION.

Lettre , combien que à moy foit ambiguë
Voye & fentier des poftes meftre en voye ,
Si faut-il bien que fur les champs t'envoye ,
Pour le piteux regret que ay à Bigue,

*Dudict Cretin à Maiftre Maffé de
Villebrefme , Varlet de Chambre des
Roys Loys XI. & Françoys I.*

FILZ adoptif qui l'amour as des Mu-
fes ,   [mufes ?
Où fonges-tu ? diz pourquoy as des
Que ne remplis papiers de tous coftez,
Affin que toft par moy fuffent coftez
Les maux dorez que ta plume diftille ;
Car fans mentir le tien efcript dift ftile
De fi friande & gorgiafe touche ,
Que acteur ne fçay qui plus gentement touche
Le maternel , foit en profe ou en mettre.
Deuffes-tu pas doncques fur les champs mettre
Nouveaux traictez de differentz volumes ,
Veu l'obligé , dont quelquefois voulumes
Promeffe faire , & toy & moy en Court
Nous vifiter par ung bon moyen court
De noz efcriptz ? l'as-tu mis en oubly ?
Je croy que non ; ton courage ennobly
N'eft pour faulcer fermens tel que le feiz.
Or je ne fçay fi le pere ou le filz
Doibt commencer , c'eft une debte à part ,
Je fçais affez certes que de ta part
Departiras l'honneur aux anciens ;
Mais quant ton pere a efgard aux ans fiens ,

Penſant qu'on dye, il prent à radoter,
Cela le faict & le fera doubter.
Filz j'ay main rude, & mon ſçavoir eſt tandre,
Pour doulcement ſur ce papier eſtandre
Choſe qui tourne en ta resjouyſſance ;
Mais de ce peu dont auray jouyſſance
Je rithmeray icy endroit, pour veoir
Se te pourray d'aulcun plaiſir pourveoir.
Pour ce chier filz, s'en rithme laide faulx,
Il te plaira ſupporter les deffaulx,
Et ſe l'eſcript, comme on le voit yſſu
De moy, n'eſt tel que ſe l'avoit tyſſu
Ce reverent Abbé le bon d'Auton,
Merveille n'eſt ; car il abonde en ton
D'armonieux, ſuave, & doulx langaige,
Et n'y ſçaurois y mettre de l'an gage
Correſpondant, mais me fault ſoubz luy taire,
Pour demourer remys & ſolitaire
Comme recluz en ce bois de Vincennes,
Où conviendroit getter des fois vingt ſennes,
Ains que en tablier faire ung Jehan begayer ;
Et ſi ne puis pied ne jamble eſgayer
Juſques à Paris, pour la mortalité
Qui regne, & jà maint mort a allicté,
Doubtant beaucoup eſtre attrapé c'eſt an ;
Icy me tiens, & prends *contra peſtem*
Vinum, qui eſt le ſouverain remede :
En desjeunant matin telle erre m'ayde.
Icy ſers Dieu en ceſte Chapellote
Tant jour ouvrier que feſte eſchappe l'hoſte ;
Aprés chanter, hault cryer & beller,
Prends le repas, puis pour eſtre en bel aer,
En ce grand parc marche le pas ſoubdain ;
Et ſe emprés moy lappereau paſſe ou daing,
La courſe & veuë en ay à tout le moins,
Et le ſouhait d'en prendre avec les mains.

Ainſi demeure en trés bon appetit,
Je vois, je viens, & petit à petit
Paſſe le temps en tel plaiſant ſesjour,
Eſperant veoir demain aprés ce jour.
Je ronge icy mes crouſtes & mon lard,
Et je dis bien ; pour nous qui aymons l'art ;
Des orateurs, c'eſt le lieu plus amene
Qu'oncques trouvay, & qui le mieulx ameine
Mon foible ſens à repos d'eſperit ;
Tout eſt tranquille, & rien n'y deſperit,
Icy ſuis hors des durs remors & gouſtz
Des troux puans, ordes places, eſgouſtz,
Et lieux infectz de l'antiquité Luteſſe,
Dicte à *luto*, aigre, forte, & lucte eſſe
A reſiſter à peſte ſi mortelle,
C'eſt cas par trop repentin que mort telle.
    Icy n'ay point le bruyt des tumbereaulx,
Je n'oy que ventz ſouffler, & tumber eaux,
Ne n'ay ſoucy ſi beuf ou vache arreſte,
Je n'ay le heurt quant vient ou va charette ;
Je n'ay point peur de ſes ribleurs de nuict,
Ne du tabut qui tant le monde nuyct :
J'ay peu de bien, mais quoy ? je ſuis content,
Car pour venir à celle fin qu'on tend,
C'eſt Paradis gaigner & acquerir.
Qu'eſt-il beſoing s'amuſer à querir
Si grandz tréſors, quant par eulx on n'a point
Reſpit de mort qui jamais vienne à poinct ?
Qui plus en a, plus les va regrettant,
Lors qu'il le pert il a du regret tant,
Que c'eſt pitié, auſſi vray que le compte,
Qui plus en a, plus luy fault rendre compte.
    Mais gens de Court avec leſquelz demeures,
Diront que ainſi dit le regnard des meures ;
Bien, c'eſt tout ung. Or ça mon cher enfant,
J'ay deſir tant, que le mien cueur en fend,

Qui l'amour noſtre accroiſſe & renouvelle ʒ
Si te requiers que pour erre nouvelle
De ton endroit , vient juſques à ma porte
Poſte courant , qui nouvelle m'apporte ,
Et me reſcriptz ung jour de la ſepmaine
De tout le faict qui par de là ſe maine ,
M'adviſant , puis qu'en lieu convenable es ,
Se à Orleans peſte couve , ne à Bloys ,
Ou s'elle a prins ſes funebres attours ,
Pour aller veoir les gens juſques à Tours.
Pareillement m'advertis ſi tous ceulx
De ton quartier ont eſté ſi touſſeux ,
Comme deçà on va coqueluchant ,
Et s'il y a chantre , quoy qu'il eut chant
Doulx & haultain , qui ne ſoit empeſché
De ce frimatz qu'avois ceſt an peſché ;
Si le bon Roy noſtre Maiſtre fait chere
Gaye , & auſſi la ſienne eſpouſe chiere ,
Si tous deux ſont esjouys en plaiſance ,
Et s'ilz ont pas de ſanté ample ayſance :
Je prie à Dieu que d'icy à cent ans
Soyent préſervez d'eſtre le gouſt ſentans
Du pas de mort , & tant vivions tous deux ,
Que juſques alors voyons le regne de eulx.
    De m'enquerir comme le monde court ,
Ne t'empeſcher faire ung ſermon de Court
Des faulx rapport par divers metz changeans ,
Que ruënt ſouvent à travers meſchans gens ;
S'il eſt certain auſſi que Dame Envie
Ait par delà plus de ſuppoſtz en vie ,
Si riz contrainctz , & fainctes acollées ,
Que Faulx-ſemblant jadis y à colées ,
Sont plus en Court ; ſi on touche de main
Ce qu'on vouldroit veoir mort d'huy à demain
Si on congnoiſt aulcuns Seigneurs prou mettre
D'entretenir ce qu'ont voulu promettre

Si les Prelatz & aultres gens notables,
Pour grace dire, ont cartes fur noz tables;
Si grands bragars y font creuz par jurer,
Et fi fouvent on les voit parjurer;
Si les Salutz de poix ont plus de cours,
Et fi on vit en croiffant ou decours;
Si Cardinaulx Romains vueillent qu'on fille
Les yeulx Gauloys, qu'on ne face Concille;
Et fi le Pape pretend d'en denier
Part au tréfor des clefz pour damp denier,
Si mal pour bien pretend rendre aux Françoys,
Que au moins ne deuft faire quelque offre, aincoys
Les declarer contraires au Sainct Siege:
Si dueil en as, par tous les Sainčts, fi ay-je,
Mais je n'entends que preignes ceft' affaire
Par trop à cueur, tu aurois trop à faire
Cefte fans plus commiffion que auras
Faitz s'il te plaift, c'eft mande quant Tracz
A tribouller pour l'heure de cerveau
Et s'il fçait bien appeller ung cerf veau,
S'il met tous ceulx qui font abbuz en cepz,
Si ces propos tournent à buzencés,
Et s'il va point s'enquerir au devin,
Pour avaller une taffe de vin,
Ou s'il a point la tefte enflée encor
Pour bien fouffler en flacon & en cor.
C'eft trop refvé, voire mal à propos,
Et d'aultre part ung quidam afpre aux potz
Me va difant qu'il eft heure qu'on difne,
Parquoy, mon filz, fe c'eft chofe condigne,
Mettray cy fin à la préfente lettre,
Dont de bon cueur je te préfente l'eftre,
En te priant que devers moy appaire
Par ton efcript l'amour de filz à pere.

Mieulx que pis.

Dudict Cretin à Honorat de la Jaille Escuyer de Monseigneur le Duc d'A‑lençon.

A R trop tarder mettre la plume en
 œuvre,   [n'euvre,
Plus me tiendras, si t'a despleu men‑
Que Maistre ouvrier, veu la si longue
 espace
Du differer. Mais quoy ? qui longz guez passe
Ne marche pas si prés de rive à rive,
Que poste errant quant de pied sec arrive.
 Si en mes ans premiers j'aprins psaultier,
Pour ce n'en suis tenu jà prinsaultier,
Les plus grands saulz que lors faire souloye,
Sont ruez jus ; dont, comme oyson soubz l'oye ;
Couvert me tiens en ce boys umbrageux,
Où aysement y recouvre umbre à jeulx
De passetemps ; car sans aucuns desdaings,
Je voy souvent belle course de daings.
 Se je n'ay fait par compte ample devoir
Te saluer, bien contemple de voir,
Puis qu'il convient que ma faulte apparoisse,
Que charge tout le deffault à paresse ;
Par quoy consentz que l'escript fait tard dye
L'offense cheutte en lente fetardie.
 Mercy requiert cil qui a les genoulx
Demy fleschiz ; criant, allege nous
Mon cueur & moy d'une faulte civille,
Mettant le crime en action civile.
 Or pour laisser tous propos odieux,
Je delibere, & huy propose aux Dieux
Requeste faire à ce que de leurs vaines,
Sur les conduictz des miennes valeurs veines
           Face

Face fluer quelque petite goutte
Du miel qui prend bon appetit & gouste ;
A celle fin que de mon tel quel coffre
Ayes mieulx que pis , si t'en feray quelque offre.
  Mais se tu veulx que à temps parfaire l'eage aille
Du tien Cretin , fais que n'entre en la jaille
Vin verd nesung ; ains te charge en tonneaux
D'antiquité ; pourquoy quant j'entonne aux
Ou meschans vins, fort me treuve en danger ;
Et si à part veulx mettre ou vendenger
Raisins , pruneaux , pommes , poires , & mesles ,
Ou aultres fruictz , besoing sera que mesles
Verd & sec ; mais s'il est beaucoup mangeaille ,
Verse au Cretin aussi fort comme en jaille.
  Amy j'ay veu ton escript procedant
D'humble vouloir , qui me va prou cedant
De loz non deu , mais tel tribut d'honneur
D'ung mesme vol s'en retourne au donneur.
  Touchant le poinct que quiers mon disciple estre,
Ce seroit prins tutelle de simple estre ;
Car plus besoing ay certes d'estre appris,
Que apprendre aultruy , ne leçon mettre à prix.
  J'ay foible sens , rustique plume & lourde ,
Plus voys avant, le cerveau plus m'eslourde,
Parquoy ne puis faire mon cas bien net ;
Et quant tout seul me trouve au cabinet,
Ou que je prens en mon estude livre ,
A part moy dis ; O ! homme es-tu délivre
Et sequestré des negoces terrestres ?
N'as-tu le temps pour bien payer tes restes ?
N'as-tu laissé caterve immunde , & tourbe
De mal object , qui plusieurs moult destourbe ?
Le grand conflict qui sert d'oppresser gens ,
Ne lourt strepit sourdant d'auprés Sergens,
N'empesche pas icy ton sindereze ,
Qu'en toy ne sont abuz rescindez aise ,

P

Tu n'as hayneux qui te oultrage , & dye
Brocars picans, satyre, ou tragedye
N'as en ce lieu pour ton vueil divertir
De servir Dieu , pense donc d'y vertir.
    Sur ce concludz commencer mes apprestz
Tant au matin comme au soir , mais aprés
Quelcun survient qui rompt ma fantasie
Aussi soubdain , que fort vent fend Asie,
Et va soufflant oultre Inde la Majour ;
Mon propos chiet soubz une lame à jour ,
Hoc est , l'œil tend de legier vers la terre,
Qui le cueur tire , & d'ung revers l'atterre.
    Frere & amy du pecore champestre ,
Qui riens ne voit fors bestes en champ paistre ,
Que pense-tu cueillir de ses escriptz ?
Je fays regretz trop plus de seze , & crys
Pleins de douleurs , que assez ne puis attaindre
A ce hault mont où acteur puist à taindre
Sur blanc papier motz dorez & proverbes ;
C'est Helicon , où la Dame esprouve herbes
Qu'on dit & tient Muse de hault sçavoir ,
Toucher n'y puis sans guyde ou haulce avoir.
    Mais toy qui as science & main agille ,
Debvras choisir , pour tenir mesnage , Isle
Que tu pourras tost trouver preparée
D'arbres & fleurs , & de verd pré parée ;
Sur ce printemps les oysillons des champs
Gazoulleront armonieux deschantz ,
Le cours des eaux si doulx son sonnera ,
Que ton ouye estre soubsonnera
Sortye au champ Helisée , & ravye ;
Se ton œil quiert delis & erre à vye ,
Là verras champs prendre nouveaulx habitz
Vers , rouges , blancs , jaulnes , de bleu à bis ,
L'herbe poindra, florettes sortiront ,
Odeurs suasves à heureux sort iront ,

Tant trouverãs bonnes commoditez ;
Et lors que auras là beaucoup motz dictez ;
Quelque petit verfet traverſeras
Juſqucs à moy quant à travers feras ,
Puis eſcripray , puis reſpondras encores,
Aiſes en ferons plus au bout d'ung an que ores.

Tu portes nom conſonant à la choſe ,
Comme je croy , ſe de ma main laſche oſe
T'admonneſter que honneur & meurs retiennes ;
Si que bon loz & bruyt en terre tiennes.

Pardonne moy , amour franche me incite
Comme ta lettre allant franc chemin incite
Mon cueur au tien , tu as veine de eſcripre ,
Dont Honnorat te puis & doy deſcripre.

Or je te pry' ſe deça faitz approche ,
Que nous voyons , tu ne feras aſpre oſche
Au mien tinel , mais prendras l'amytié
D'entre nous deux ; & adieu , c'eſt aſſez ;
Faitz que nos cueurs enſemble foyent taſſez ;
Et ſe as papier ou ancre teinte en voye ,
Replique ad ce que ouan Cretin t'envoye.

Mieulx que pis.

Dudict Cretin audict de la Faille.

OIS-J E or' endroit, veu de ta lettre l'eſtre
Tant enrichy de beaulx edictz & ditz,
Sur ce papier coucher & metre metre,
Pour advancer contre dix contredictz,
J'ay rude amorſe à petiz appetitz,
Parquoy de loz ſans merites me herites,
L'honneur eſt deu à toy qui le merites.

Se par trop hault ma plume eſtendz , & tendz
Suyvre le vol d'ouvriers parfaitz , par faictz

Mal digerez , affez entends en temps
Les miens efcriptz à peu d'effectz deffaictz,
Si croy que tous les maulx que ont faictz, confés
Sont , comme Dieu a permis, à part mys :
Legiers deffaulx s'excufent entre amys.
  Se on veult faulcher mes lours deffaulx de faulz,
Befoing fera toft s'en pourveoir, pour veoir
S'en ce fafcheux monde faulx moult deffaulz ,
Et d'entour moy pour fçavoir poulfe avoir ,
Vers Dieu ne fays ample devoir de veoir ,
Et ne fuis tant que affiert à Preftre afpre eftre;
Chafcun n'eft pas bien faige en fon propre eftre.
  Au monde n'a , fe femble, ame fans blafme ,
Nemo fine labe, s'il n'eft l'Abbé
De Putigny , qui fans bafme s'embafme ,
Et pour au jeu bée au jubé
Lettre ne fçait fi n'ay gabe que A B
C D non, car bien euft Caftel cas tel
Abbé cedé fans refine mortel.
  Faifons que aprés ces vendanges vent d'Anges
Nous corne au fur des chantz divins dix vingtz ,
Non que pourtant m'eftranges, mais te renges
Fort t'enquerir aux bons devins de vins ,
Ainfi beurons autant à fins affins
Du Dieu *Liber* , aultrement dit Baccus ;
Bon vin endort teftes & abat culz.
  Par ces vins verds Atropos a tropos
Des corps humains ruez envers en vers ,
Dont ung quidam afpre aux potz à propoz
A fort blafmé fes tours pervers par vers;
Si ne crains point les temps divers de hyvers ,
Car bon vin m'ayde , & figne medecine ;
Liqueur en cueur fanté au corps affigne.
  Maint homme en l'an des fois bien feize fe aife ,
De Jaille, lors que vin entonne en tonne,
Cretin auffi quant fruict appe aife appaife

Jeunes enfans ; car laict ton ne l'eſtonne ;
Se lourd baſton le baſtonne bas tonne ,
Mais Jaille a ſon, dont grand bruit en Court court ;
Bon nom s'eſtend qui ne le trenche court.

Amy je ſuis ainſi confuz que onc fuz
Veoir tant errer etiques heretiques ,
Marrans ſans foy font huy affuſt à fuſtz ,
Et fer aiguz poingnans trop pis que piques :
Ha ! faulſe amour par topiques toſt piques ,
Et va forgeant d'art cault telle cautelle ,
Foy faulſe attraict trahyſon de coſte elle.

En divers lieux ſe font apreſtz à preſt ,
Fermans la voye où ſont Marchans marchantz ;
Cruelle guerre ores aſpre és apreſtz ,
Donc fais larrons eſtre parchans par champs :
Doulx ſons n'en puis mettre en chantz, mais tren-
          chans ,
Car l'aigreur rend trop grands debas de bas ;
En chant piteux ne treuve point d'esbas.

Pour vivre en paix & concorde que on corde
Guerre , & le chant que accord d'elle cordelle ,
Qui pour chanter à ſa corde ſe accorde ,
Mal prend ſon chant , amour telle eſt mortelle ,
Guerre a tousjours Dieu ſçait quelle ſequelle ,
Livres en ſont de plainctz & cryz eſcriptz ,
De guerre ſourt beaucoup plus pleurs que ris.

Par guerre n'ont les pupilles plus pilles ,
Veufves ont perte , aux tours des Roix deſroys ,
Bourgs ſont pillez , auſſi Villes ſi viles ,
Que c'eſt pitié , on met ſurcrois ſur croix ,
Dieu de laſſus nous gard' des trois deſtroictz
De nations infidelles , fy d'elles ;
Sermentz tortuz cauſent douleurs mortelles.

Guerre nous monſtre eſtre adverſe , & traverſe
Tant de pays & climatz , que lymas
Font que grand monde y verſe moult diverſe ,
                              P iij

Tout se rendant noz estomacz tous matz,
L'on ne fait plus de drap Damas de amatz,
Fer ou acier est labbit & *labit*
Mon hauberion, *hoc est*, *non durabit.*
  Le trop durer en feste & veille esveille
Chagrin, qui rend tous mes espritz espris,
L'œil cuyde mettre à veille, & me traveille
Que trouve Angloys hors leurs pourpris pour prix,
Cueurs d'Espaignolz sont fort surpris sur pris
De gloire indeuë, & conqueste que on queste ;
Qui trop embrasse estrainct peu à la queste.
  Se en lisant ce langaige, l'en gaige
Que jecte en vain ung sot parler par l'aer,
Je ditz que c'est pour bagage bas gage,
Sans sur nully beller ne libeller ;
Guerre veult tout esgaller & galler,
T'esbays-tu se plainte en ruë en ruë ?
A droict se plainct qui pert beufz & charruë.
  Actaint de dueil suis en grief soucy
D'ennuy qui faict trouver dure verdure,
Le povre monde est transi d'estre ainsi,
Fort me desplaist que telle ordure or' dure,
Se tout le long que l'an dure l'endure,
Je crains que tasse on n'ayt guiere ne esguiere ;
Qui a, si a ; qui n'en a, si en quiere.
  Mais sçait-il bien à bigle œil dextre de estre,
Contrefaisant soubz telz argus Argus,
Si guerre en huys ou fenestre faict naistre
Combatz, où sont les cons & culz escutz,
Faut-il que ung sot cornagus corne Argus,
En tranchant metz sur nos tables notables ;
Bruyt commun resve en propotz non estables.
  Pour fin donnons aux mieulx faisans fesans,
Si seront mieulx entre noz rys nourrys
Ceulx qui feront l'heur de tes ans taisans,
Auront de moy vieulx aulx pourriz pour riz ;

Aprés plorer coste barilz bas riz ;
En escoutant des chansons de eschansons ;
Flacon vault flute à sonner des chansons.

    Frere & amy , si sonnettes sont nettes ,
Et environ Alençon alle en son .
Sonne vers moy chansonnettes honestes ;
Et de ta fleur rendz pour leçon le son ,
Ayme Cretin & boy son à boysson ,
Il ne me chault comme j'aille en mangeaille ,
Si mieulx que pis y a plaine ma jaille.

Dudict Cretin à Maistre Françoys Char-
bonnier , Secretaire lors de Monsei-
gneur Duc de Valois à present Roy.

P RIER E a lieu où vray amour assiste,
Soit prés ou loing , soit à prime ou à
    sexte ;   [mande ,
Amy tenant le cueur d'aultre en com-
Quant il le prye autant vault qu'il
    commande.
Ces jours passés du gentil Honorat ,
Tendant à fin que ma plume honorast
Son Charbonnier , une Epistre ay reçeuë ,
Dont sans mentir mon fronc pour erre sué ,
Doubtant n'avoir main propre au satisfaire ;
Et toutesfois s'elle pensoit y faire
Quelque bon traict sans second mandement ,
Par sa priere , *hoc est* , commandement ,
Ainsi l'entendz , certes g'y entendroye
D'aussi bon hayt , que regnard en tendre oye
Frappe ses dentz. Mais je resve , à qui est-ce
Que vueil parler , poursuyve ou acquiesce ?
Assez congnois que n'ay vol pour actaindre
Prés de celluy , qui a cousté à taindre

P iiij

Plus que tanné , bleu , efcarlatte , ou verd ;
J'entendz coufté , pour avoir l'œil ouvert ,
A prins meftier meilleur que Charbonnier.
A ung falot vendant le charbon hyer.
Seulet ainfi que par les champs vaulcroye ,
Je demandoye ; Charbonnier que vault croye ?
Riant me dit , c'eft mal affis emplaftre
Mettre le tainct d'ung Charbonnier en plaftre.
Il me paya ainfi , voire content ,
Et feit trésbien , car de forte qu'on tend
Faire le preft , c'eft chofe bonne à croyre ,
Que qui peult bien payer , ne doibt accroire :
Ainfi n'affiert que le payement accroye,
Ne que m'arrefte à charbon ne à croye ,
Mais fault felon la lettre pieça leuë ,
Que Charbonnier à demy pied faluë
De fon vifaige. A toy donques prefente ,
Tréfcher Seigneur , la cartule prefente ;
Charbonnier es , non pour emplir les facz
De bois bruflé , tel mefnage laiffas ,
Et n'en retins fors le nom dés ton eftre ;
Tu peulx , ainfi que bruyt monde & tonne , eftre
Si bien ouvrant de l'ouftil & bafton ,
Dont quelques fois d'art fubtil esbat-on
Gens entenduz , qu'en termes elegans
Meriteras l'heur du prix & les gantz.
La Jaille & toy , fans taudis ne auvent ,
Pourrez auffi mettre la plume au vent ,
Faifans voler telz efcriptz & proverbes ,
Que ferez veuz , ainfi qu'on efpreuve herbes ,
Dignes d'avoir la fueille , fleur , & fruict
Du nom & loz dont orateur fruict :
Et je Cretin , congnoiffant qu'en fleur eftes
De jeunes ans , cueilleray les fleurettes
Qui tumberont de voz riches efcrins ;
A haulte voix , pour perdre oreille & crins ,

Iray criant ; Vive les alliez
Que vraye amour par vertuz a liez,
De tel lyen, que deux cueurs sont comme ung,
Et leur bien propre est faict entre eulx commun.
Or je te prie ne ramener à perte
Ma lourderie & faulte tant apperte,
Mais pense tost ton papier mettre en ply,
Et le me rends par main de mettre emply ;
Pourtant responds d'entremetz & antienne,
Si que je voye, & pour mesouan tienne
Tout mon escript en registre autentique,
Qu'auray plus cher, que celluy hault antique
Et renommé, qu'on appelloit jadis
Quintilian, suffisant pleige à dix.
Quant est du mien, aussi bas qu'il raisonne,
Si raison rithme, ou si rithme raysonne,
Toujours l'auras prest comme ung chandelier,
Sans le seul mot fort tranchant deslier,
Et, si tu veulx, aprés mort & en vie,
Tousjours aurons de nous aymer envie ;
L'offre ne soit, s'il te plaist, reffusée,
Commencement n'est entiere fusée :
Plus n'en auras, sinon adieu tout court,
Sortant du boys pour saluer la Court.

Mieulx que pis.

Dudict Cretin audit Charbonnier.

L E grave accent du tien escript, filiole carissime, gecté sur la balance d'affection paternelle par acuité de vive impression, a sublevé ceste pesanteur & tardité d'escripre, a moy intervenuë à l'occasion de certaine catherreuse bruyne puis quelquetemps tumbée fus le fommet de noz biens, dont tel esblouiffement a empefché la veuë, que force a efté de laiffer tout labeur de plume, qui fera, s'il te plaift, excufe legitime envers ta Seigneurie, à laquelle me recommande par cent mille voltes. Filz trés aymé, je te rends actions de graces infinies, dont as daigné prendre la peine de m'eflargir tes gracieufes lettres, en quoy m'as donné ample recreation, tant du Rondel, que auffi des Nouvelles, & mefmement en ce que diz la trés illuftre Seigneurie de l'efpoir des Françoys, avoir eu fouvenance & tenu parolle du caduque Cretin ; qui neantmoins, tout ruyneux qu'il eft, fe offre, livre, & foubzmet au fervice de fa fublime nobleffe, que le hault Plafmateur par fa fainéte grace vueille conduire, & preferver a l'exaltation & gloire de fon nom, grande confufion, toute & totalle deffecte de fes ennemys.

O ! filz amé, croy de certain que le tien pere eft en continuelle crainte, penfant les perilz, peines, & travaulx, males heures, jours penibles, & aigres nuiétz en quoy te congnois eftre conftitué ; t'advertiffant que fi priere ha lieu, il faiét & fera adreffer fes plus devotes oraifons à celluy feul conduéteur des exercites, qu'il luy plaife par fa bonté les accepter ; en forte que à toy & aultres vaillent & fervent de fortes & feures armures, jufques à obtenir palme viétorieufe.

Il y a ung quidam en fes Marches qui, par legiereté de plume, & pour fe defennuyer, a minuté inveétive contre la lafcheté des Genfd'armes : j'en avoye ung double prins, pour le te tranfmettre ; mais le filz de noftre Bigue l'a mife en fa poffeffion, difant qu'elle ne fe doibt envoyer ; & voyla qui t'en ofte la vifion.

Si Monfieur de la Jaille fe prefente à ta veuë,

je te prie faire mes tréfamples recommendations;
& en cefte bouche finiray la prefente , difant ; Oli-
vier Bachelin orrons nous plus de tes nouvelles ?
Vous ont les Angloys mys à fin. Et jeu fans villenie. *Fiat.*

Mieulx que pis.

Dudiƈt Cretin audit Charbonnier.

I L Z par efcriptz j'ay fçeu que ung
    jour à Han
Feiz pareilz criz,que homme qui fouf-
    fre ahan ,
Portant le faix de guerre & fes alarmes
Pourtant le faiz , qu'elle provoque à larmes
Tes doulx yeulx fecz , & fur eulx l'eau toft rend ,
Telz douze excés , plus foubdain que torrent,
Laiffe courir fon cours , prendroient tes forces ,
Les fecourir eft requis que t'esforces.
    Quel figne auray de veoir cueurs contritz , tant
Que es fi navré , & te vas contriftant ,
Comme fe avant l'effroy ne fçeuffe pas
Que homme fçavant deuft fouffrir fur ce pas ?
Souffrir , helas ! quant feu ou fouffre iroit
Se offrir és lacz , l'eau clere en fouffriroit ,
Soubz franc couraige en fouffrette fouffrons ,
Souffrans que orage au nez nous bleffe ou froncz.
    L'ire des Roys faiƈt or' dedans ce livre
Lire defroys , & tour de dance livre
Si oultrageux , que du hault jufque à bas
Si oultre à jeux on ne meƈt jus cabatz ;
Doubter deuft-on que ne foyons des ans feurs
De ofter du ton la dance & les danceurs ,
Tournay en tour , fa folle oultrecuydance
Tournoye entour , fe affolle oultre qui dance ,

Dye au lyepard le sien retour nyant,
Dyaule y ait part que es droict chy tournoyant.
En tes combatz Dame Venus te tache,
Hantes cons bas, & par venulte fache
Se l'on combat telz que explo ctz daigues foire,
Selon que on bat que tant ouaiges le foire,
A men couplet respondront chés cannonnes
A men couplet, tant à Primes que à Nonnes.
    Pour resjouyr que Calaiz renouvelle,
Pourray-je ouyr du cas claire nouvelle ?
Si en Neptune attente sur mer j'ay ;
Si en ait une, & tolt soit submergé ;
Laissons aller ces tours de guerre estranges,
Les sons à l'aer ne semble guiere estre Anges,
Mais trenchans sons dont heureus pour plus ton
Mettre en chansons Cerberus & Pluton.
Filz cher entendz ce mot, & te esjouy
Ficher en temps moyen dont t'ay-je ouy
Excite cher vains appetiz d'endurer,
Et si te vaincz à petit temps durer,
Pour ralyer bas culz à santé prés,
Pourra lyer Bacchus à Saint Espés.
Par long sesjour fuz tu mal egrotant,
Parlons se jour, sens tu mal aigre autant,
Que allant envers de foire en foire fuz
Callant en vers du faire en faictz reffuz ;
Per omnia secula, ce dictum
Peronne y a de bon bruict, ce dict-on,
De sa mamelle a les Françoys nourriz,
De ça m'en mesle à raffreschir noz riz.
    Amy regarde en ce recit d'hyver
A myre garde, & que recidiver
Jà ne te face, en sorte qu'on charroye
Jeunette face, homme ne couche à roye,
Que au tracasser n'est tant au fond la gouste,
Que aultre à casser motes où ne voit goutte ;

Main te saluë, affin que *in hac valle*
Mainte çà luë Epiſtre en ſoir ; ſ'alle.

Rondeau reſponſif à l'autre, envoyé par ledict Charbonnier.

UE bon moyen ſert bien en Court,
    & duyt,
Chaſcun le ſçait ; on fait plus d'ung
    que de huyt,
Et ne doibt-on l'abandonner pour pris,
Qui credit cherche en maiſon & pourpris,
Où ſens gouverne , & raiſon tout conduyt.
    De trop & peu ores eſt maint ſeduit,
Mais par moyen ſe modere & reduit ;
Les Bien-heurez aultre chemin n'ont pris,
    Que bon moyen.
    Vertus conſiſte en moyen, & produit
Biens & honneurs, quoy plus ? ſon homme induict
Mettre tousjours les vices à deſpris ;
Tiens donc ce train comme ſage & apris,
Tu n'as beſoing de meilleur ſauf conduit,
    Que bon moyen.

Dudict Cretin audict Charbonnier.

A Toy le filz qui eſcriptz amatz cher
Du Pere tien, reſident à Vicenne,
L'Epiſtre va, comme ſi Aviçenne
L'euſt compoſée , aſpre & dure à maſ-
    cher.
A celle fin qu'en mes ditz contreface
Aſſez le fin, pour face contre face,
Vers & reſpons accorder, plume ay priſe,
Vers ſerrez pontz, où beaucoup plus meſpriſe

L'accés de Court, que se veisse mes sens
Lassez de Court; plaisir n'y ay, mais sens
Dueil & despris, pour autant que apperçoy
D'œil & d'espris chicherie à part soy
Mettre à l'hostel force plus par seduyre;
Maistre ha loz tel que à bien tenir sçait duyre.
    Si l'appetit s'amorce sur pillier,
Cela petit demonstre ou seur pillier,
Jamais jouyr de tout plaisir, cesse ore
Jà m'esjouyr, voyant que honneur s'essore.
    On se delivre aux champs & par Cité
Once de livre oster, c'est parcité
Lasse & rebource au donner, mais à prendre
La serre bourse, il ne luy fault apprendre.
    Elle oste & toult labeur de tout charroy,
Et lost, & tout bon bruyt qui touche à Roy,
Peu plaist lait chant qui trop hault permet ton,
Peuple est leschant ses platz, & prou met-on
A supporter son mal, je resve que homme
A sçeu porter tel faix; or est-il comme
En ply d'avoir souffrette, qui jadis
Emply d'avoir estoit, d'ans a jà dix
Qu'est tant d'ennuitz endurant, qu'il est force
Qu'extende en huys l'oultrage qui l'efforce.
    Filz se de voir des maulx telz que les sçay
Feisse debvoir reprendre où j'en laissay,
Certainement on verroit comme escript
Certain ne ment, jouxte ung lay qu'on m'escript
Traictant des faictz de la Court, dont présages
Trés tant d'effectz nous monstrent que aprés
     eages
Escorneront hoirs des corps pourriz,
Et corneront pleurs & discordz pour riz;
La Court m'estonne, erreur qui multiplie
La Court mais tonne, en ce tumulte y plye
Force & sçavoir, c'est pour maint homme aigrir

Fort cesse avoir , qui me faict tout maisgrir :
Or fond és mains des gens qui aux destroictz
Or font tant moins , quant des quatre ou des trois
On brayt & dit que tout se perd au fort ,
Umbre est edict , foible donne ayde au fort ,
Cela n'est point de droict ; car soubz la somme
Se l'asne est poingt , par excés on s'assomme ,
Force à foiblesse au besoing n'est secours ,
Fort sa foy blesse , en cela n'esse cours
Faulx & divers tailler branches & tronqs ,
Faulcez dix vers , croix n'y a plus és troncs ;
Qui arbre n'a ne fera jà mesrain ,
Quia brena , nous n'aurons jamais rien.
   Quoy estre ainsi demouré à *quia*
Quoy & transy ; peult-on sçavoir qui a
Cela causé? à tel songe espelucher
Se la cause ay pour leçon j'ay plus cher
M'en deporter , qu'il faille que le Prince
Mande porter le livre où je prins ce ;
Cela seroit fascheux , quant de dix corde ,
Se laceroit fureur avec discorde.
   Pour racompter ce qu'on sçait , verité
Pourra compter de coup , severité
Cruelle atache , attendu que trés fort
Cruë est la tache au peuple & aultre effort ;
Tous estatz ont sur sa terre assez pars ,
Touzez tas font de brebis en ses parcz ,
Cent & sept vingtz chappons luy estre emblez ,
Sent & sept vingtz jà veuz tout mettre en blez ;
Poulletz & cocqz , fein , avoyne , & fourmage
Pour les escotz ne montent , si font rage
Aux dez foncer & cartes Lansquenetz ,
Au deffoncer font plus vaillans que netz ,
Contemplez les dedans , dehors , és sales ,
Compte ample & letz & beaux ors & sales ;
Ainsi qu'on vient fault prou pain , & tant cher ;

Et fi convient lourde foif eftancher ;
Potz & barilz font foubdain avec feaulx
Pofer bas riz ; on vuide les vaiffeaulx,
Et culz deffoubz font mis ; mais au tribut
Efcutz de folz faict-on , puifque aultre y but
Egregie , fi me parque avec eulx ,
Et gré je y ay , de ma part cave & queux
Efpouferay , pour riffler & pyer ,
Et poferay mes yeulx à efpier
Dorefnavant quant Saturniens regnes
D'or en avant mettront fur larges refnes ,
Et qu'on dira , pendu foit qui d'argent
Efconduira main ouvrante d'art gent.
    Quant ceffera maultemps ? incontinent
Qu'en cepz fera defir incontinent ;
Defir entends cueur de vain & lafche homme ,
Defirant temps que heure revienne ; & la chomme
Delaiffe aller ces propos , & que j'oye
De les faller pour ung temps quelque joye.
    Cueur esjouy qui te confeille ? attente
Que heur ay-je ouy atiftrer foubz la tante
Du plant eureux , illuftre , & magnanime
Duc plantureux , que fruict de manne anime
A prompt fecours , voyant que fouffreteux
Afpre ont ce cours , où par trop fouffrent eulx ;
Sçait l'en, Seigneur, lettre plus mettre à prix ?
C'eft l'enfeigneur du parfaict Maiftre appris ,
C'eft le fesjour qui , comme chef d'honneur ,
Seelle ce jour , tiltre de grant donneur.
Là plus m'extendre à tel Prince alozer ,
La plume eft tendre , & n'ay forfe à le ozer ,
Oultre emporter auffi pour y main mettre ,
Où tranfporter y fauldroit maint mettre ;
Prins ce fouvent d'efcripre ung beau coupplet ;
Prince fouvent ne veult pas beaucoup plait.
Si m'en tayray , & ce papier de cire

Simenteray

Simenteray, qu'on ne le me deffire ;
Cela lyras, & pour refpondre, efmye ,
Se la lire as, au fon ta croufte & mye ,
Digere ung peu , & pour en approcher ,
Dis j'ay repeu ; mais fi tu n'as prou chair ,
Difne de l'os , en bien fervant ton maiftre ,
Digne de loz autant que peult homme eftre :
Se mes champars n'ont parmy eulx que efpicz ,
Si mefchans pars n'auras par mieulx que pis.

    Filz metz jà pofte en Sion,
   Pour faire trop oftention
   De ce ; car où vertus tarit,
   Veritas odium parit.

Dudict Cretin audict Charbonnier.

FILZ , *unde hoc,* es-tu hors de propotz?
Dort-on en Court ? prend ta main tel
   repos ?
Papier faut-il? n'eft ancre à tard tarye?
Volle ta plume au vent de Tartarie ?
Te rend perplex ftrepit du monde , & tourbe
Des importuns ? refponds, qui te deftourbe ?
Tes fens ont-ilz tant d'occupations ,
Ou fouffres tu coliques paffions ?
Es-tu feru de l'aguillon & mouche ,
Dont Cupido vrays amoureux efmouche ?
Tiens-tu le jeu , ou fe vas parier
A quelque Dame , affin d'apparier
Ton cueur au fien ? Doulx acueil t'a il point
Navré du dart poignant fi bien à poinct ,
Que Paris vueille à Venus eftre ainfi
Favorifant pour te ranger tranfi ,
Tant qu'il te face en fignes apparens
Mettre en oubly l'amour que as à parens ,
Et à ces fins que ardens defir afferve

Ta liberté, pour eſtre à cela ſerve?
Non, non, jamais, *abſit tantus error*;
Tu es gardé, comme faict la pierre or.
Mais qu'as-tu donc? quel vent t'a invité,
Pour me tenir ſi groſſe gravité?
Sont-ce deſpitz, ſont-ce malles humeurs,
Ou ſont-ce honneurs qui font muer les meurs?
Si honneur as, eſſe à dire pourtant
Que deſdain ſoit par meſpris tranſportant
Le tien vouloir, ſi que amour plus n'appaire
A celluy que as eſleu & prins à pere?
Le bon amy doibt exprés regarder,
De reciprocque amour l'ordre garder;
Et tout ainſi que plaiſir faict, requiert
Aultre plaiſir, amy grant erre quiert,
Et doibt querir au ſien amy complaire
En ce qu'il ſçait que à luy peult beaucoup plaire.
Où ſonges-tu? faut-il que honneur te muë?
Raiſon ne voy que en ce droit ſe remuë.
As-tu regret ne povoir parvenir
Soubdain au bien qui peult à part venir?
Tout vient à poinct, dit-on, qui peult attendre;
Que gaigneroit ung Oyſelleur à tendre
Rethz & fillez, s'il n'avoit eſperance
De proffiter: ſoubz future aſſeurance
Ung jour vault cent, & une heure dix mil.
Ne vois-tu pas que petitz grains de mil
Et de froment ſemez en terre duyſent,
A quantité fort ample ſe reduiſent?
Pluſieurs raiſin, procedent d'un bourion,
Et maille à maille faict-on le haulberion;
Le maultemps eſt à ung matin paſsé;
Les mors ſont mors, *requieſcant in pace.*
Pour le deſchant de ta plainct̃e accorder,
De l'an dernier te doibs bien recorder,
L'an merveilleux, à tousjours memorable;

Que, par le vueil du Tonnant admirable,
L'hyver tonna tantoft aprés automne,
Phebus noircit, dont le monde s'eftonne,
Aquarius tranfmit çà bas force eaux,
Eolus vens, grans arbres à monceaux
Froiſſez, rompuz, tronc, branches & racines,
Gens perturbez, confiderantz telz fignes,
Tindrent propotz entre eulx que de leurs eages
N'eurent objeétz de indices & prefages
Tant à doubter, fuft d'efté ou d'hyvers,
Ne l'air fi tiés obfcur, trouble & divers,
Grefles, efclairs, bruytz, inundations,
Fiers bouffemens, & corufcations,
Fendre manoirs, faire terre trembler,
L'ung mettre en doubte, efpoir a l'autre embler.
Bergers des champs, voyant ce fier orage,
Fort eshahiz, & triftes en couraige,
Laiffent paftiz fuyans telles tempeftes,
Pour eulx faulver avec leurs fimples beftes.
Il fembloit lors que infernales furies
Euffent rompuz, par leurs forceneries,
Fers & lyens des paluz Plutonicques,
Pour getter hors fiers ferpens draconiques,
Et au climat Gauloys faire moleftes ;
Ou que les corps d'influences celeftes
Feiffent ainfi apparoir par menaces
Lourde ruyne en ces regions baffes.
Gallus pafteur, auffi la paftourelle
Galatea, n'eurent pas lors tourelle,
Maifon, buron, logette, ne tegure
A feureté voyant ce mal augure.
Gens de labeur, tout beftial, & parcz
Povoit on veoir piteufement efpars ;
Regnardz privez fimples beftes pilloient,
Ours charopiers, beufz, & veaux houfpilloient,
Loups raviffans à coups de dures tailles

Q ij

Sur les brebis feirent fortes batailles,
En leur mengeant la laine sur le doz,
Sans espargner lopin de chair ne de os,
Mais tost aprés ce temps plain de malheur,
Pour appaisier la si griefve douleur,
Vint arriver ung Jouvencel adextre,
Doüé de grace au grand possible d'estre
Organisé, & d'une corpulence
Pour estre dit chef d'œuvre d'excellence :
Ce fut, & qui ? Pan en terre nommé,
Sur tous pasteurs le Prince renommé.
A l'arriver Gallus le bon vieillard,
A cueur joyeux, tout honneste & gaillard,
Delibera faire joyeuse feste,
Qu'oncques, ce croy, ne fut pareille faicte :
Galatea la bonne pastourelle,
Et les brebis que tenoit entour elle,
Feirent debvoir d'acoustrer le banquet.
Lors Girardin, Coppin, Thierry, Paquet,
Guiot, Lorin, Verdureau, Yzambert,
Perrin, Gombault, Guillory, Jehan Tubert,
Le franc Goutier, Gringuenault, & Titire,
Chantans *Noel*, vindrent là tous de tire
Briquet, Marquet, Ysoré, Aloris,
Tout arriva, & sembloit à leurs riz,
Que Dieu fust lors descendu de la nuë
On feit triumphe en ceste bien venuë.
Là veisses-tu merveilleux tripotages
De divers metz, & differentz potaiges,
L'ung va dresser en grans plateaux de bois
Beaux choux au lard, l'autre y verse des poix,
L'ung des porreaux, & l'autre des napveaux ;
Jamais ne vis services plus nouveaux.
Le bon Gallus prent ses meilleurs habitz,
Sert d'escuyer, & trenche du gros bis,
De gousses d'aulx en frotte gros quignons,

Et en presente à tous les compaignons ;
Force d'ongnons , les belles eschallottes,
Dieu sçait la vie , oncques ne veiz telz hostes.
Mais quoy ? *Vinum non habent* , c'est maulvais
Estorement ; grandz tasses de Beauvais
Le sert , de l'eau leur presente, & conseille
Que chascun puyse à mesmes belle seille.
Enfans, dist-il , ne soyez sur ce point
Fort indignez , de vin n'avons nous point ,
Car l'an passé Lansquenetz pour dessertes
N'y ont laissé ne riffle ne raffle certes.
Incontinent la Dame Galatée,
Qui une piece en avoit frelatée ,
Va faire emplir brocz , pintes , & chopines ;
Dont si trés bien moullerent leurs babines ,
Que hault & bas par tout en general
Fut esjouy le banquet pastoural.
De divers lieux arriverent bergieres ,
Pour bien servir fort promptes & legieres ,
Là vont venir Nymphes Demy-Déesses,
Qui font ung droit millier de gentillesses ;
L'une s'en va cueillir beau laurier verd ,
En faict coronne , & a le chef couvert
Du grant pasteur , l'autre luy met pour septre
La palme en main , l'autre dit ; que peusse estre ,
Prince excellent , ung chascun vous desire ?
Et l'autre dit ; bien soyez venu , Sire.
L'une luy offre au banquet nouvellet
Ung pot de cresme, & l'autre ung plat de laict ;
Pommes , pruneaux, poires , mesles, chastaignes
S'apportent là par ses bonnes compaignes ,
Et vont disant que par tous les bons Dieux
Le serviront de cueur , de corps & de yeulx.
L'une paitrist , l'autre chauffe le four ,
L'autre s'en va en ung grant carrefour ,
Et faict dresser , qui qu'en groumelle ou gronde ;

A tous venans la belle table ronde,
Tartres, flannetz, thallemoufes, paftez
De gros canars, & gras pygeons paltez
Mettent fur table : ung hault compte & fonge effe
D'ouyr cryer, a puiffance largeffe.
Tout va de hait, paftoureaux, paftourelles,
Grans, & petitz, fautereaux, fauterelles
Ont du plaifir, & lyeffe habundance,
On chante, on rit, qui le corps a bon, dance;
Et pour mouftrer qu'il ne leur chaille mye
Des maulx paffez, l'ung prend fa challemye,
L'autre ung tabour, l'autre une cornemufe,
Celluy n'y a qui en fon cor ne mufe.
Quoy que leur chant ne rende mefchant fon,
Ce nonobftant Pan deffus mect chanfon,
Et lors jouant de fa flufte à fept canes,
Leur monftre bien qu'en tel art ne font que afnes,
Car fes accords ont refonnances nettes
En l'armonye & cours des fept planettes,
Les chantz qu'il fonne en termes generaulx,
Sont compofez les fept artz liberaulx
Par fept vertus, tel de là fe maine,
Selon les fept beaulx jours de la fepmaine,
Le fainct Efprit, par les fiens dons feptains,
Rend tous fes faictz & affaires certains;
De fa chanfon fi trés melodieufe,
Sourt l'amytié doulce & armonieufe,
Qui cueur repaift & foulaige l'ouye;
De ce fuis feur, car mon faoul l'ay-je ouye.
Veulx-tu fçavoir quel dit & quel chant ha
Cefte chanfon que le Prince chanta?
C'eft ung accord de liqueur melliflue.
Où la doulceur de laict & myel y fluë,
Quel eft le mot? Traictié de paix fe nomme.
Quoy plus? le Prince en foy de Gentil-homme
Promet garder la franche bergerie,

Que plus n'aura si grande mangerie ;
Et ostera pastoureaulx des servages
De loups cerfviers , ours , & bestes sauvages ;
Et par ainsi, aprés divers contentz,
Traictié de paix rend toutes gens contens.
Est- il besoing qu'à voysin ou voysine
La fiction de ce banquet designe ?
Tu entends bien , par le texte offrant ce,
Que Gallus prens pour le peuple de France ;
Galatea , ainsi que je l'applique,
Est adaptée à la chose publique ,
Et le pasteur nomme Pan approprié ,
Et cy endroit au Roy approprié ;
Dis que Espoir , des Françoys Procureur ,
Aprés ce temps divers nous procure heure.
Filz , note bien cecy pour quoy t'escriptz ,
C'est pour donner longue treve à tes cris :
Or croy ce pere , attendz sans someil l'heure,
Et y espere attente en son meilleure.
Ne congnoys-tu que ores faict long l'yver .
Et jà commence à poindre joly ver ?
En ce Printemps que la doulce verdure
Picque au matin , luyra sur la verdure
L'aube du jour de couleur purpurine,
Claire & luysant comme belle verrine ,
Puis Zephirus , le doulx temps raverdy ,
Refreschira la chaleur du midy ;
Nous marcherons sur les preaux herbus ,
Lustres prenans au raidz du clair Phebus ;
Les prez ployans , chargez de la rozée ,
De perle rond' ont jà l'herbe arrouzée;
Beaux lis verrons , rozes , boutons , fleurettes ;
Et plus n'orrons parler que d'amourettes ;
Entour buyssons , par landes & fougieres ,
Diront chansons francz bergiers & bergieres ;
Là tourneront au tour & de travers ,

'Atour n'auront qui ne tumbe à revers ;
Herbes croiſtront , fleurs & fruiĉtz nous riront ;
Brebis paiſtront , agneaulx ſe nourriront ,
Noz beufz, noz veaux , grands , moyens, & petitz,
Vieulx & nouveaulx reprendront appetiz ;
Loyaulx Marchans l'ung l'autre ſe aymeront ,
Peuples marchans en terre ſemeront ,
Poulles & coqz plus ne ſeront oſtez ,
Pour les eſcotz de guerre en leurs hoſtelz ,
Leurs prez & mars faulchez n'emblez ſeront ,
Vaſſaulx de Mars plus ne les bleſſeront ;
Tant touſſera Raiſon , qu'en foy fermée
Tantoſt ſera l'Egliſe reformée ;
Eſtatz ſeront reduiĉtz ſus & deſſoubz ,
Et taſſeront eſcutz en lieu de ſolz ;
Pan ſans deſroys , Monarque & Chef d'honneur ;
Penſant l'eſtat des Roys , ſera donneur ,
D'honneur ouy , tel ne fut au monde oncques
Don ne heur ouy : monſtrons que l'aymons donc-
        ques ,
Erre querans que aux ſiens ayt bon regard ,
Et requerans que Dieu le ſaulve & gard'.

Mieulx que pis.

SUBSCRIPTION.

Lettre va veoir que faiĉt & dit en Court
Le cher enfant adopté Charbonnier ;
Mais s'il entend ancre ou charbon nyer ,
Pour ta deſpeche en poſte viens-t'en court.

Dudict Cretin à Christofle de Refuge,
Maistre d'Hostel de Monseigneur d'A-
lençon; qui luy avoit demandé conseil
de se marier.

E des dix mil Martyrs vous voulez ren-
dre,
Pour estre mis en la grand' Confrairie,
Besoing sera premierement apprendre
L'heur & malheur d'homme qui se
marye :
Je prie à Dieu & la Vierge Marie,
Que à ce besoing vous doint ayde & secours;
Puisque le cueur y a jà prins son cours,
L'œil y fera guet, embusche, ou escoute :
Si faulte vient, pour principal recours,
Faictes semblant de jamais n'y veoir goutte.
Vous avez sens & engin pour apprendre
Ce que au cas vous sert ou contrarie,
Le plus fort n'est hault ouvraige entreprendre,
Mais fault penser comment le vent varie;
Les faictz d'Amours sont œuvres de faerie,
Ung jour croyssans, l'autre fois en decours :
Soient gens de Ville, de Chasteaulx ou de Cours,
Si quelqu'ung vient dont vous soyez en doubte,
Et faulte vient; pour principal recours,
Faictes semblant de jamais n'y veoir goutte.
Considerez, si femme voulez prendre,
Par quel chemin il fault qu'on la charrye;
Si faulte faict, & la voulez reprendre,
Elle en fera forcenée & marrye ;
Soyez dolent, il fauldra qu'elle rye,
Soyez joyeux, elle fera ses tours :
Si en usant de ruzes & destours,

Bien congnoiſſez que de vous ſe deſgoutte,
Et faulte vient pour principal recours,
Faictes ſemblant de jamais n'y veoir goutte.

ENVOY.

Couſin ſachez que à Paris & à Tours,
Voire à Lyon, chapperons & attours
Sont hault de poil; ſi concludz, ſomme toute,
Quant vollerez de faulxcons & autours,
Faictes ſemblant de jamais n'y veoir goutte.

RONDEAU

Reſponſif à la Dame ſur ce propos.

PRENEZ la, ne la prenez pas,
Si vous la prenez c'eſt bien faict,
Et ſi la laiſſez en effect
Ce ſera ouvré par compas.
    Gallopez, mais allez le pas,
Differez, entrez-y de faict,
    Prenez la.
Jeuſnez, prenez double repas,
Reffaictes ce qui eſt deſfaict,
Deffaictes ce qui eſt reffaict,
Deſiré ſa vie ou treſpas,
    Prenez la.

Mieulx que pis.

Dudict Cretin à une Dame de Lyon.

ANT ay-je ouy parler de tes beaulx
    faictz,
Et des gaillars escriptz que tu as faitz
Par le pinceau de ta plume dorée,
Femme d'esprit, que doibs estre ho-
Des Orateurs florissans en ce cours.   [norée
Dont pour avoir faveur, ayde, & secours
D'aulcun plaisir par la tienne escripture,
Laquelle on tient avoir prins nourriture
Du propre laict des Muses, sur le mont
Dit Parnasus, comme plusieurs le m'ont
Certifié, qui lecture en ont faicte,
Disans n'avoir veu oncques plus parfaicte;
Je suis contrainct & en courage esmeu
Te saluer : si as-tu de mesme eu
Souventesfois, & n'as, sans point de doubte,
Prins le loisir faire reponse à toute
Rescription presentée en tes mains,
Comme pour vray le tiens ; & neantmoins
Certes je croy ton cueur estre de race
Si très gentille, & de si bonne grace,
Que ne tiendras mon escript à mespris,
Et pire feust que l'eusses jamais pris.
Raison pourquoy ? de tant plus que es ouvriere
En celluy art, moins gectes en arriere
Le non sçavoir de simple homme ignorant,
Dont plus d'honneur acquiers en l'honnorant.
J'espere aussi que en lisant ceste Epistre,
Ton franc vouloir & liberal arbitre
Prendront en eulx deliberation
Sur ce, n'ayans consideration
Au rude stile & mauplaisant langaige,
Mais au desir que ores te baille en gaige,
Incontinent mettre la plume en main,

Pour m'envoyer ung jour après demain
Du tien parler la doulce confiture,
Me relevant hors la defconfiture
De maladie, où me fuis veu traicté
Pis cinq cens fois, que ne feuz l'autre Efté.
    Mais tu diras peut-eftre, ou pourras dire;
En ce ne puis me garder d'efconduyre,
Se ne congnois le nom & le furnom
De l'Efcripvant, s'il ha bruit & renom
D'avoir cherché envyron Lyon noyfes,
S'il a blafmé le nom de Lyonnoifes,
S'il a touché ou attaint leurs honneurs,
Ainfi que font ung tas de blafonneurs,
Qui vont difans aulcunes faire vente
De leur jeuneffe; ou s'il a bien fervente
Affection des Dames fupporter,
Et leur bon loz par efcript rapporter;
Quel homme c'eft, s'il fe monftre encor de eage
Pour manier les filez & cordage
De la grand' nef, où Cupido fouvent
Plufieurs attraict, & fait voguer foubz vent
De faulx plaifirs, pour entre undes & vagues,
Mettre en peril ame, corps, biens, & bagues:
Si tel le fçeuffe eftre quant à ce point
Les fiens propos je n'efcoutaffe point.
Fille des Dieux alliée aux neuf Mufes,
Il n'eft requis que touchant cela mufes,
Ne t'enquiers point du plant où bon vin creut,
Qui faict le preft fans gage, ou qu'il l'accreut;
Car en ayant congneu le perfonnage,
Tantoft diras que à grand tort perd fon eage,
Bien jugeras qu'on le peult difpenfer
Ne debvoir plus aux faictz & dictz penfer
Du jeu d'Amours, où jeunes gens s'esbatent
Si très avant, que ung & autres s'en battent;
Plus n'a befoing, tant fa force amolit,

Que de profonde escuelle & de mol lict ;
Moult est doubteux quant il rithme ou raisonne ;
Pour ce que jà la teste si grisonne.
Jadis porta yeulx rians , clairs , & vers ,
Et maintenant se tornent à l'envers ,
Ilz sont bordez de gueulle , voire en sorte
Que aux matins fault que jaulne cire en sorte,
Tousjours tient-il guillermus en ces mains ,
Mais d'escuz & de ducatz en sçait moins ,
Dont ne luy chault , car il a force riddes ;
Plus n'a besoing estre embouché de brides
Pour le dompter , à marcher tout à traict
Assez & trop est moullé & retraict.
Cecy t'escript pour veu que l'en dispences ,
Nymphe gentille , affin que tu ne penses
Que veuille tendre à male intention ,
Sur ce n'entends faire contention.
Ses alliez , amys de la science ,
Luy ont juré en saine conscience ,
Que ores as acquis le credit du sçavoir
Autant ou plus , que nulle puisse avoir ;
Et mesmement , depuis qu'est en cest estre ,
Asseuré l'a quelqu'ung qui te sçait estre
Sçavante assez pour mettre pouldre en l'œil
D'homme éloquent , au tien plaisir & vueil.
Vela pourquoy il t'a voulu escripre ,
Soubz tel espoir que n'en face que rire ;
Vela comment à l'adventure mect
Le sien escript , que de cueur te transmect ;
Voylà que c'est , il te prie & supplie
Response avoir ains sepmaine acomplye.
Bien luy souvient , & est assez recordz
Avoir pieça veu esprouver ton corps ,
Par quoy ne veult les biens en ce mys taire ;
Ce fust au jeu & honneste mystere
De Saincte Barbe , où prins en terre nom

De riche loz , & triumphant renom.
Certes , alors que jeunes frais estoit ,
Desir d'aymer assez l'admonestoir ,
Et vouloit bien , pour la tant bonne grace
Dont te voyoit comblée à pleine brace ;
Mais ce penser jamais ne descella ,
Car son estat desrogoit à cela :
Or te voyant tost après mariée ,
Et par honneur à homme appariée ,
Ung jour te dit ce mot , tout en riant ;
Dame cecy est fort contrariant ,
Que fille ayant promis son pucellage
Tenir entier , par ung tel vasselage ,
Face qu'on voye à ce joly mestier
Esclatz voller jusques au fons du Monstier ,
Vous qui aviez virginité vouée ,
Veoir du baston de Genius douée ,
Je ne sçay pas où avez ceste loy
Prise & trouvée , elle est de faulx alloy.
Lors , aussi-tost que femme fil desbride ,
Luy feiz response ; aux Epistres d'Ovide
L'ay-je trouvée , en estes-vous marry ?
O le bon mot ! sur ma foy je m'en ry
D'aussi bon hait , comme je fais à l'heure ;
Car oncq' ne fut de revenche meilleure.
Dame je prie au benoist Saint Esprit ,
Que de tel vueil reçoive mon escript
Que l'as batty , & te vueille au parfaire
Donner plaisir à response me faire.

Mieulx que pis.

Dudict Cretin à Monseigneur l'Evesque de Glandeves.

I les escriptz que bons amys transmet-
    tent   [mettent,
De moys en moys, & d'an en aultre an
Amour au cueurs de ceulx où sont
    transmis
Pose encore qu'on y eut quatre ans mys;
Quant Poste arrive, & porte erre nouvelle,
L'affection, sans doubter, renouvelle,
Et au recueil n'entend, fors de viser
L'amy pensant à l'amy diviser,
Si que souvent en visitant la lettre,
Visiblement cuyde avoir l'œil à l'estre
De sa presence, & croit ouyr le son
Du sien parler, qui retient pour leçon.
Lors est songneux de lieu & temps eslire,
Pour plusieurs fois la regarder & lire;
Et congnoissant que l'escript des amys
Emmy les cueurs tel plaisir d'aise a mys,
La plume prend, puis en l'œuvre se efforce
Donner responce, & va disant; c'est force
Que vers celluy je fasse mon debvoir,
Qui d'amytié s'eslargit moult de veoir,
En quoy amour reciproque m'enseigne
De quelle main affiert que je m'en seigne.
C'est mon Seigneur, ainsi que amys privez
Cerchent plaisir du quel ne sont privez,
Car amplement & bien assez jouissent
De passe-temps, dont souvent s'esjouissent.
A ce propos par ung Maistre ay-je ouy,
Que desirez tant que homme estre esjouy
De tel endroit : pourquoy ceste cartule
Vers vous transmectz, non valable; car Tulle

Ne m'a laiſſé que bien petite part
Du doux parler que à pluſieurs gens départ ;
Qui en tel art & ſtyle trop mieulx ſe aydent
Que je ne fays , & en ſçavoir m'excedent ;
Mais neantmoins ſi peu que en voy & ſçay ,
J'ay bien voulu promptement faire eſſay
Vous preſenter le labeur de ma Muſe ,
Selon le train rural où je me amuſe.
Si vous ſupply' le recevoir de gré ,
Comme s'il fut en plus parfaict degré ,
Et ſi a point jour , & heure oportune
Nouvelle en Court , d'aventure on porte une ;
Que les Salutz de bonne miſe & poix ,
Valent trop plus que Ducatz fort eſpois ;
Vous plaiſe en faire une reſerve , ſe homme
En veult offrir quelque bien bonne ſomme.
Si Nobles ſont , comme icy atteſtons ,
Tant deſcriez , qu'on les change en Teſtons ;
Mandez-le , affin que reçoive en monnoye
Ce qu'ay vendu la plume de mon oye.
Si là on voit d'Eſcutz plain corbillon ,
Et ſi autant on aime que or billon ;
Si Angelotz porteront de moys aelles ;
Si riddes ont Dames & Damoyſelles.
Si Philippus , Francz à pied , & Reaulx ,
Sont comme oignons ſemez en terre & aulx.
Si vieille piece aſſez orde & fenduë ,
A jeunes gens eſt pas or' defenduë :
A vous pourtant ne doy m'en enquerir ,
Mais à ceux là qui vueillent en querir.
Or , pour ſçavoir des nouvelles changeantes ;
Le Palaiz faict les voies des champs gentes
D'icy à Tours , diſant que aux troux profondz
Ne faict maulvais , & qu'il y a prou fons ;
Mais , mon Seigneur , je vous porte amour telle ,
Que ſe ne fuſt pelle fiere & mortelle

Qui

Qui à Paris a regné ceſt Eſté,
J'euſſe pieça, comme Dieu ſçait, eſté
Audict Palais emplir mon ſac & coffre
Des nouveaultez, pour deça quelque offre
Vous départir ; car on en forge là
Plus en chaleur, que quant bien fort gela :
Mais puis que ainſi la ſaiſon freſche appaiſe
Telle priſon, mais que l'affre eſchappe aiſe
Du coup mortel, je fourniray à cens,
Et par milliers nouvelles aux abſentz.
Doncques à Paris l'Epiſtole reçeuë,
Et du porteur bien au vray l'erre ſçeuë
De ſon retour, vous plaiſe à coup mander
Voz bons plaiſirs, & les me commander.
Pour faire fin, veu que temps va & paſſe,
Vous fays ſouzhait qu'en bien petite eſpace
Puiſſiez porter chappeau rouge ſur croix
D'Archeveſché, qui vaille pour ſurcroys
Vingt mil Ducatz, payez contentz ſur l'ungue,
Et vous doint Dieu très-bonne vie & longue.

    Eſcrit au bois, de quant ne chault jà ; mais
C'eſt du Cretin voſtre eſclave à jamais.

Mieulx que pis.

Dudict Cretin à Frere Jehan Martin.

Le G. du bois, *aliàs* dit Cretin,
En plumetant fur fon petit pulpiftre,
A minuté cefte prefente Epiftre,
Pour l'envoyer à Frere Jehan Martin.

E C T E ton œil fur ce mien rude ef-
cript,
Pere devot & Frere en Jefu-Chrift ;
Car c'eft à toy que l'ay voulu tranfmet-
tre,
Et tout ainfi l'ay compofé en mettre,
A demonftrer qu'ay affecté defir
Te recréer d'aucun petit plaifir,
Non temporel, mais ad ce que eflevée
Soit ta penfée, & vers le Ciel levée,
Confiderant que pour toy Dieu prou fit.
Te plaife donc en faire ton prouffit,
Penfe combien il te cherift & prife,
Ayant ainfi ta volunté efprife
De fon amour pour te veoir difpofé
Eftre en ce lieu Solitaire pofé,
Où moyen as de merite acquerir,
Que plufieurs ont travaillé à querir.
Penfe combien il t'a voulu aymer,
Te gectant hors du peril de la mer,
J'entens la mer mondaine & flutueufe,
Où fouvent court tempefte impetueufe.
Vagues y font de controverfité,
Et tourbillons de dure adverfité ;
Les ventz d'Orgueil, d'Avarice, & d'Envie
Soufflent fi fort, qu'il n'eft perfonne en vie
Qui puiffe ancrer Barque, Nef, ou Gallée,
Que toft ne foit montée ou devallée,

Puis çà, puis là comme dure tourmente
La faict tourner à force vehemente,
Si que souvent cordage, maft, & hune
Sont defrompuz par diverfe fortune.
Le vent auffi de vaine Ambition
Contre roch de Ire & Obftination
La faict hurter fi fort, que fans fuffrage,
La Nef de l'Ame attent doubteux naufrage.
Fange, lymon, avec fpumeufe efcume
D'Amour charnel, caufent griefve apouftume
Sur la penfée, en forte que gemir
Et douloir font, tant qu'on puiffe vomir
Ce fort venin, & en contrition
Verballement faire confeffion.
Monftres marins horriblement fauvaiges,
En cefte mer, & au long des rivaiges
Font plufieurs maulx à paovres navigans.
Tant d'Efcumeurs, Pirates, & Brigans
Ont fi très-grant équipage fur mer,
Que jour & nuyct font raige d'efcumer ;
Ce font plaifirs, banquetz delicieux,
Folz appetitz, attraictz malicieux,
Defirs charnelz, couftumes de mal faire,
Mondains plaifirs, regardz de faulx affaire,
Faictz fcandaleux, vouloirs non pitoyables ;
Tels Nautonniers, fatellites des Diables,
Sur cefte mer voguent par tous endroitz,
Et meinnent gens aux perilleux deftroitz
De creux profons, cavernes, & fpelunques,
Pour faire tout abifmer. Penfe doncques
Frere & Amy quel bien t'a refervé,
Quant de peril te trouve prefervé ;
Certainement bien doibs, à tout comprendre,
Comme je croy que fais, graces luy rendre ;
Mais tu diras, tant que l'Ame peut eftre
Unye au Corps en ceftuy mortel eftre,

Bataille y a , & se l'œil on enferme
Ce n'y faict riens quant le cueur est enferme ;
Pour estimer l'homme estant enfermé
Estre de sorte en grace confermé ,
Qu'en luy n'y ait quelque imperfection ,
Ou en parolle, ou en affection ,
Veu qu'est contrainct en ceste mer nager ,
Voyre en peril d'estre veu submerger.
Je te diray , mon Frere très amé ,
Puis que propos ores est entamé ,
Il est bien vray que à tout homme en ce monde
Convient nager en ceste mer immunde ,
Mais je mondain qui suis en haulte mer
Tempestative , ay plus à estimer
Estre en peril , que toy qui en mer morte
Es mys à l'ancre , attendu que t'enhorte
La grant bonté du benoist Sainct Esprit ,
Le tien patron , qui d'ung desir te esprit
Si que ton vueil contre luy ne resiste :
Mais mon gros cueur en ce val se desiste
Des bons propoz que souvent luy apporte ,
Et si le sent bien frapper à sa porte.
Oultre tu as port & repoz tranquile ,
Donc sembles estre à l'ombre de quelque Isle ,
Comme la Nef qui prent terre , & attent
Que vent luy soit à gré propre & patent.
Quoy plus , tu as la très saincte Navire
De Penitence , où l'on ne tourne & vire
En divers lieux , qui veult la main tenir ,
Et simplement tousjours se maintenir.
Le gouvernail est , quoy ? Sobre Abstinence ,
Le mast c'est Foy , la hune Continence ,
L'ung des Chasteaux c'est Crainte initiale ,
L'autre d'après c'est Amour filiale ,
Les cordes sont amoureuses Pensées ,
Les avirons Œuvres bien commencées ,

Baſtons de traict doulx Hymnes & Cantiques,
Et Mathelotz Eſperitz Angeliques.
Oultre plus as l'eſtoille de la Mer,
Que ſçez & peulx en tout temps reclamer,
C'eſt *Maria*, interpretée eſtoille
De Mer, à droict & bon tiltre l'eſt-elle ;
Car pour donner radieuſe lumiere
En Terre & Ciel, n'a ſeconde ou premiere.
Sainct Bernard dit, ſe vent d'ambition,
Detraction, ou émulation,
Entre undes a ta Navire gectée,
Dont elle ſoit ſi très fort agitée,
Que doubte y a la veoir près que perye,
Voy ceſte eſtoille, & appelle Marie.
Je ne ditz pas que n'ayes des aſſaulx,
Car l'ennemy avec ſes vaſſaulx,
Pour circuyr l'enclos veult demourer
Veoir s'il pourra quelque ame devorer ;
Au Parlouer va tout courant, & au Cloiſtre ;
Pour enfler cueurs, & couraiges acroiſtre,
En efforceant de murmur contracter,
Affin de faire aſprement detraicter.
De là s'en va en ſelle ou lieu ſecret,
Semer ſcrupule à quelque homme indiſcret,
Qui peult congnoiſtre ung petit glorieux
A eſplucher argumens curieux,
Quant trop ſouvent il ſe occupe à cela.
Après s'il veoit que riens ne face là,
Va eſpiant s'on faict l'Office en Cueur,
Et ſe travaille à eſlongner le cueur,
Vaguer l'envoye au monde, & tant l'embouſche,
Qu'il penſe mal ad ce que dit la bouche.
Au diſner va dedens Reffectuaire,
Pour preparer drogue delectuaire,
Donnant regime à trop ou peu manger,
Et en cela giſt à la foys danger.

R iij

En Dortouer met songes & propotz
De illusions, pour prendre long repos,
Et au resveil rend celluy somnolent,
Qui sent au cueur estre tepide & lent,
Quant au Chapitre à tard y est entré,
Car en ce lieu se trouve chapitré ;
S'il gaigne ailleurs par astuce maligne,
Leans le perd par saincte Discipline ;
En ce sainct lieu vertus d'obedience
Obtient tousjours bonne & belle audience.
Cela sçais-tu trop mieulx que je ne fays,
Si j'en escriptz, tu en porte le faix ;
Or je faictz doubte en ce commettre offense,
Car bien certain ne sçay quelle deffence
On faict, levant voz generaulx Chapitres
Sur recevoir & veoir telles Epistres.
Si congnoist Dieu la mienne affection,
Que ne le faictz à male intention,
Pour quelque gloire ou curiosité,
Mais évitant vaine ociosité,
Pour ce que suys en lieu de solitude ;
Aulcunes foys, après labeur d'estude,
Je prends la plume, & sur papier imprime
Quelque motet en prose, puis en rithme,
Pour prendre esbat à passetemps honeste.
Le bon Seigneur Sainct Hierosme admoneste
Tout homme, & dit ; à bon œuvre t'espreuve,
A celle fin que le Diable te treuve
Tout occupé ; car quant le cueur est vague,
Recepvoir peult coup pire que de dague ;
On voit aussi que l'arc qui est tendu
Et longuement de la corde estendu,
Au desbander ne peult estre si fort,
Comme celluy qui a eu tel effort :
Aussi peult-on vexer si asprement
L'entendement qui devient proprement

Comme hebeté, si on ne le recrée
D'aulcun petit plaisir qui luy agrée.
Pour fin, Amy, en traversant la mer,
Recréons nous à Dieu craindre & amer ;
Et si la Nef par quelque vent varie,
Voyons l'estoille, & appellons Marie ;
Je luy supply' nous vouloir esjouyr
Du bien parfaict dont desirons jouyr.

Mieulx que pis.

Dudict Cretin audict Frere Jehan Martin.

ALUT à toy, mon Frere, ou Fils ;
   mais Pere,   [espere
Mande celluy qui autant qu'homme
Part obtenir ès tiennes Oraisons,
De motz dorez ; l'œil & moy or aisons.
L'affection longue piece affamée
Avoir ta lettre assez pieçà famée,
Pour avoir bruyt, credit en terre, & nom
De riche loz & affecté renom.
Du laict & myel uses, comme Psalmiste
Usa jadis le grant commensal miste
Royal Prophete, usant du Sainct Esprit.
Secret Divin, qui le cueur sain t'esprit,
En tes escriptz par ta plume distiles
Propotz exquis, oultre passans dix stilles
Telz que le mien, veu que sentence metz ;
Où cueur devot grant goust sent en ce ; mais
Sur ta pensée y a telle habondance
D'amour fervent, que la bouche habonde en ce ;
Puis de là va en la plume & descend :
Dont cela veoir beaucoup plus m'est decent,

R iiij

Que visiter suasifz préambules,
Trop plus me plaist langaige qui semond
Le myen moyen de voller en ce mont,
Où sans cesser deusse desormais tendre ;
Que pour avoir ample trésor, m'extendre
Au mondain vol de ce val & torrent,
Qui l'homme abuse, & devalé tost rend.
Tu tiens franchise, & j'ay liberté serfve,
Tu sers à Dieu, il fault que au monde serve,
Ton œil est clos, & le mien a les champs,
Voyant plaisirs frians & aleschans,
Qui la pensée en negoces terrestres
Tournent souvent, & tu as pour tes restes
Les sentimens de contemplation,
Prenant en fin du compte ample action.
Prisonnier es, & je suis vagabonde
En mer mondaine où mainte vague habonde,
Entre les vens, qui font lever rapport,
Du quel ne puis bien arriver à port
D'heureux salut Ta prison voluntaire
Dessert ung bien que ores ne voulons taire,
C'est que ung ardent desir devotieux
S'eslieve en toy comme à voller aux Cieulx ;
Mais ce vouloir sensuel est enferme,
Et qui vacille à cause qu'on t'enferme,
Sans de legier donner la clef des champs,
Pour escouter les gracieux deschantz
Du doulx & gent rossignolet saulvaige,
Qui d'harmonie au corps humain saulve eage.
Dame Raison met son decret dessus,
Et soubdain rend ses appetiz deçeuz ;
Obedience aussi très-humble ancelle,
Sur le contract de merite ung blanc seelle,
Qu'elle promect de loyer grant emply,
Se le subject treuve en son Cloistre emply
De discipline, & faire tout' affaire,

Ce que verra son Prélat bon à faire,
Soit de marcher, ou venir, ou aller,
Soit sesjourner, ou mettre pas à l'aer.
Frere & amy telle Doctrine as prise
Longtemps y a, & si très bien aprise,
Qu'il ne te fault enseigner ta leçon,
Car bien entendz de la cloche le son.
O ! combien est heureux celluy ou celle,
Qui sans partir de son tigure & selle,
Peult au secret de ce joyeux pourpris
Fleurs recueillir, que ailleurs on a pour pris.
Celluy ne doibt la peine trouver dure,
Qui en son champ, plain de belle verdure,
Que Continence a fermé, joinct, & cloz,
Choisilt à gré petiz boutons escloz,
Jà commençeans belles pompes estendre.
Là peult cueillir la fresche fleur & tendre
D'humble soulcye, ainsi que jour se esclost,
Et vers le soir l'ouverture assez clost.
Là sont les mains du desir dispensées
A prendre plus de cent & dix pensées,
De telle odeur, que le basme & cyprès
Ne vallent pas les sentir de si près.
Là peult & doibt marguerites eslire,
Et en faisant chappelletz, veoir & lire
Des aultres fleurs, quelles à part tenir
Il doibt & mieulx luy en appartenir.
Là cueult à plain marjolaine & lavande,
Sans regarder que trop cher on la vende,
Et de ces deux, ainsi comme est dictant,
Faict ung boucquet en beaucoup meditant,
Que la doulceur si aromatizante
Est feu d'amour plus que à Rome attizante,
A Rome on peult mener tel chant & ton,
Que près d'Esglise & loing de Dieu est-on.
O ! Frere cher, cueillir & planter ozes

En ton vergier force bon plant & rozes ;
Et se tu tiens que d'ung parfaict cyon
Fleur, fueille, & fruict n'atint perfection ;
Je dy que si quant la terre a rozée,
Dont elle peult souvent estre arrouzée :
Mais je chetif qui du verd & du meur
Ay perdu fruictz à deffaulte d'humeur,
Et mon vergier ayant terre non grasse,
Par trop souvent destourner l'eaue de grace ,
Qui feuilles, fleurs, fruictz en tous temps nourrist.
Las ! mes cinq sens, quant le monde nous rit,
Nous traveillons en la saine sculpture,
Pour delaisser fructueuse culture.
Paovre Cretin, ne sçez-tu que à vau l'aer
L'oyseau est nay par nature à voler,
Et l'homme aussi a labeur le merite,
S'il œuvre bien, loyer dont l'ame herite ?
A quoy tient-il que desir n'as entier
De labourer en carreau ne à sentier ?
Du tien vergier l'heure y verrons sortie
Par tous endroitz espine, roze, ortye,
Et mente à tas, feuille n'y a soubz fleur ;
Car Borreas l'impetueux souffleur
A tout gellé, dont convient que pou rye,
Veu que mon fruict sent la pomme pourrye.
Pour Dieu, amy, prie à Dame Flora
De reverdir la fleur, dont m'esflora
Le faulx souffleur ; se le doulx vent m'envoye
De Zephyrus, mettant mon ame en voye,
Grain de forment faire mortifier,
De ce peulx bien à la mort t'y fier,
Veu que loz fort augmente & multiplye,
Mais, las ! le mien à ce tumulte y plye,
Comme s'il fust sur pierre dure mys
Par Nonchaloir, qui trenche du remis.
Cecy traicter plus que à moy t'est licite ;

Mais quant object puiſſance telle incite ;
Ma plume ordiſt telle façon , à fin
De t'ayder comme amy faict ſon affin.
Or voy comment ces choſes differentes
Empeſchent huy mon vergier d'y faire antes ,
Car terre ſeiche & inculte n'a port
D'arbre eſlever à ſeure & bon apport ,
Par quoy le traict de voz yeulx pery en ce.
Je parle en vain, tu as l'experience ;
Je balbucye , tu au vray en eſcriptz
Tu rends doulx chantz , & moy plaintes & criz.
Ne me ditz plus habondant & faconde
En aulcun bien , mais ſuis eſchauffe que unde
D'eaue endormye où l'on a veu glaſſons ;
Je ſuis muet , ſourd , & aveugle à ſons
Celeſtielz de Cantiques & Hymnes ,
Mes foibles ſens ne ſont de cela dignes.
Celeſtin es *& re & nomine* ,
Quantum poteſt eſſe in homine
Virtus vera , en ton cueur eſt compriſe ,
Et ſi ne quiers que tes graces on priſe ,
Honneur mondain , & vaine gloire avoir ,
A Dieu remetz le bien de ton avoir.
Je n'en dy plus : or l'Epiſtre emportée
Nous a ce Frere , & croy pis tranſportée
Qu'entre ſes mains , qui plus eſt ay perdu
Le premier geet , mais en ſuis-je eſperdu ?
Certes nenny , s'elle ne m'eſt tranſmiſe ,
Jà ceſte cy pourra-il mettre en miſe
Ne en recepte , au moins ſi ainſi veulx ,
Et deuſt fournir de promeſſes & veux ,
Autant que fiſt n'aguieres à Vendoſme ,
Car il ne fault trop plyer à vent de homme.
Eſcript au boys Vinciennes appellé ,
Où le viel temps maint arbre y a pellé ,
Priant à Dieu , ſe mort le noſtre esbranche ,

Qu'en son vergier , racine , tige , & branche
Plante lassus , pour à jamais jouyr
Du bien qui peult corps & ame esjouyr.

Mieulx que pis.

Dudict Cretin à Madame la Contesse
de Dampmartin , en la Sepmaine
Saincte.

OUR bien sçavoir comment cela se
meine ,
Fille , Lundy commença la Sepmaine
Plaine d'ennuy & de penalité ;
Cueur devot doibt en la peine allité ,
En l'œil plorant monstrer chiere peneuse ,
Voyant que c'est la Sepmaine peneuse
Où Jesu-Christ en Croix voulut se offrir ,
Pour rachapter humains & mort souffrir.
Mais quelle mort ! comblé d'angoisse amaire ;
Vile , honteuse , & aspre ; en quoy sa Mere
Reçeut le coup du glaive & dart mortel ,
Portant en soy l'aguillon d'amour tel ,
Qu'en traversant alla frapper son ame
De part en part. Quant une personne ame
Ferventement , & voy souffrir la mort
Au sien amy ; O ! comment cela mort.
Quoy mordre ? las ! fut-il oncques morsure
Telle que celle à qui donnast morsure
A une mere , en voyant son enfant
Si maltraicter ? si dueil le cueur en fend ;
Certes ce n'est que le deu de Nature ;
Ung Chrestien par trop se desnature ,
Qui par pitié en larmes ne se fond ,
Trop sont pécheurs endurciz , qui ne font
En ce sainct temps memoire de compte ample ;

Et en ferveur ardente ne contemple
Le doulx Saulveur ayant bras estenduz ;
Fichez en Croix, fort tirez & tenduz,
Si que on peult bien nombrer os, nerfz & veines.
Mondains propos, sottes parolles vaines
Comment laisser, pour la Mere & le Fils
Acompaigner ? Fille si oncq' le feiz,
Zele fervent te doibt donner envie
Suivre demain Jesus mort & en vie,
Le contemplant, comme desir semond
Cueur amoureux pour aller en ce mont
Nommé Calvaire, où doulce manne assiste.
Là au matin, Prime, Tierce, & à Sixte,
Vespres, & Complye, & le long de ce jour,
Et en faisant longuement ton sesjour ;
Là tu verras crucifier & pendre
Le doulx Jesus, son digne sang espandre,
Ses piedz & mains atachez de gros cloux,
Par les Bourreaux trop plus cruelz qne loups.
Là tu verras sa precieuse face
Toute effacée, & sans ce que aulcun face
Compte de luy ; si ne sera pas sans
Estre mocqué de assistans & passans.
Si tes regardz sur luy fiches & plantes,
Lieu n'y verras du chef jusques aux plantes,
Que tout ne soit de sang vermeil taché.
Entre Larrons au gibet ataché,
Bruvaige aura de potion amere,
Du Filz verras redonder à la Mere
Triste douleur extreme, & non pourtant
La fault laisser, elle est noz faictz portant.
Là trouveras fontaine & source vive,
Dont il convient que humain viateur vive,
Se baigne & lave, emmy le sang osté
Du digne corps, & precieux costé
De Jesu-Christ. Là trouveras rosée,

En quoy fera ta penfée arroufée.
Là fentiras l'eftincelle d'amer ,
En quoy n'y a ung tout feul gouft amer.
Or attendu que ces parolles ames ,
Et que là gift le trefor de noz ames ,
Allons nous mettre au pied de cefte Croix ,
Pour contempler la mort , fi tu me crois ,
Et Paffion de ce doulx fruict de vie ,
Luy fuppliant , ains que l'ame defvie ,
Tous noz meffaictz nous vueille pardonner ,
Et aux fainctz Cieulx heureufe part donner.
C'eft pour l'adieu du boys , où mys avoye
Ce myen efcript , pour toy , ma Fille , à voye :
Je te requier' que noz cueurs or' aifon
De pure , faine , & devote Oraifon ,
Si qu'en ferveur de foy foit l'ame unye ,
Et noftre amour de charité munye.

Mieulx que pis.

*Tranflation du chant de Mifere faict par
ledict Cretin.*

PROSPERITE' mondaine & tem-
porelle
Et briefveté de vie corporelle
Deçoyvent gens plufieurs ; car mort
previent ,
Quant veulent vivre , & finir leur convient.
Nulle puiffance ou prudence pourra
Lors proffiter , quand la fin adviendra
De toute chofe en ce monde paffante ,
Quoyque foit belle , agreable , & plaifante.
Louenge paffe ainfi que une nuée ,
Et gloire vaine eft toft diminuée ;

Ces fiecles cy ne portent faict durable,
Combien qu'il foit fort grant & admirable :
Quiconques embraffe hault' richeffe au monde,
Et par excès en delices habonde,
Glaive de mort ou foubdaine infortune
Le rendent paovre à fa male fortune.
Donques pourquoy eft cueur d'homme efperdu,
Querant ce qu'eft toft failly & perdu ?
Ce que par mort ou yffuë aultre fault,
Riens ne prouffite acquerir ; car deffault
Demonftre affez que tous biens terriens
Sont à la fin eftimez comme riens.
Qui trop fe implique à plaifirs tranfitoires,
Les vertus cache, & rend vices notoires ;
Joye en ce fiecle & toute chofe paffe,
Sans demourer heureufe longue efpace.
Quel proufit faict beaulté plaifante à veoir,
Couleur rozée, & belle face avoir ?
De combien fert or' nature dorée,
Dont la perfonne eft aornée & parée ?
Mort, pour beaulté de nul qui foit en vie,
N'efpargne aulcun ; mais a fur tous envye ;
Mort ne fçay point quel eft homme en fon eftre,
Ne la haulteur de fes chofes congnoiftre ;
Mort fans pitié tout tire à fin difforme,
Ce qu'eft au fiecle à decente conforme ;
Mort fans pitié met en captivité
Yeulx efgarez plains de lafcivité ;
Chair blanche & tendre, hors la vertu de vie,
Eft faicte pafle à l'heure que defvye,
Face plaifante auffi mife à l'envers,
Où deffault vie, eft la viande à vers ;
Et ce que avoit efté à tous Amans
Vayne lyeffe, yeulx eftains & dormans,
En lieu eftroict d'ung fi petit tumbeau,
Ou en horreur, ce qu'il fembloit tout beau,

Forme loüable, & belle à veuë ouverte ;
Si toſt qu'elle eſt de ſepulchre couverte ,
La pouldre pouldre en peu de jour produict ;
Et cendre en cendre auſſi-toſt ſe reduict.
Les grans tréſors Tibere , la victoire
Julle Céſar , facond art oratoire
De Cicero , ſont tenuz comme ſonges
Des eſcoutans , & reputez menſonges.
Jadis Virgile eut ſur la terre nom
De Poëte grand , & floriſſant renom ;
Mais à ſon terme y eut, pour toutes ſommes,
Peu de prouffit en loüenge des hommes.
Platon traictant pluſieurs choſes de l'ame ,
Mort ne detint qu'il ne geiſt ſoubz la lame
Par ſapience il n'obtint la puiſſance, .
Car d'elle au vray n'eut claire congnoiſſance.
Art Grammatique, ou bien Dialectique ,
Les belles fleurs de Tulle, & Rhetorique,
N'ont point rendu exemptz d'exil mortel,
Ceulx qu'ont inſtruictz. Or donc, pour remors tel ;
Fault adviſer en vivant par faire œuvre
Plaiſant à Dieu , que le monde n'y œuvre,
Et n'ayt povoir nous perdre & conſommer,
Puiſque des faictz du ſiecle, à tout ſommer ;
N'en reſte riens ; pour aſſeurer les doubtes ,
Devers le Ciel mettons noz joyes toutes
En celle gloire , où eſt ſans nul deffault
Le bien parfaict, & qui jamais ne fault.

Mieulx que pis.

Invective contre la Mort, faicte par ledict Cretin.

Mort cruelle, eftrange, & malheureufe !
Plus que ennuyeufe, afflicte, & dou-
   loureufe
Eft la penfée en amer fouvenir,
Que aux lourdz exploitz ne peult con-
   trevenir
De tes fiers dartz, foubdains, & peftiferes,
Dont corps humains occire ne differes.
Souventesfoys par affaulx inhumains
Ruynes Tours, Clochiers, & Chafteaulx mains,
D'ung aguillon fort picquant efperonnes
Tous nobles cueurs, quant Septres & Couronnes
Faitz fuccomber : dont griefz vomiffemens
De pleurs, regretz, foufpirs, gemiffemens,
Et criz piteux caufent larmes efpandre,
Et le plaifir d'heureux efpoir fufpendre.
La potion des tiens mortelz venins,
Vefves contriftes, & jeunes Orphelins
Tient opprimez en fervile tutelle.
Horrible Mort ! or' voyons que es-tu telle
Soubdaine, auftere, & fiere autant que onc fuz,
Qui tant de gens rendz dolens & confuz,
Riens fort bien faict après toy ne demeure.
Puis donc que ainfi fault que le monde meure,
Et riens ne peult après toy demourer;
Le temps paffé convient rememorer,
Confiderer le prefent, & futures
Chofes prévoir : lors males adventures
Chafcun pourra, fuyvant le chemin feur,
Bien éviter, & fe trouver affeur.
A tant l'ouye à l'efcout s'appareille,
Et que ces motz ne mette en fourde oreille;

S

Car jà foit , Mort , que donne tes faulx bondz
Crainte aux maulvais , fi es tu joye aux bons ,
Et fe homme avoit fes voluntez égalles
Aux trois Vertus , qu'on nomme Theologalles ,
Foy , Efperance , & bonne Charité ,
En cueur feroit & de bouche herité
A Dieu aymer , & fon prochain , pour refte
De parvenir au Royaulme Celefte.
Pour ce penfons noz œuvres adreffer
A celluy feul qui les fçaura dreffer ,
Affin que par fa vertu & conduicte ,
La noftre vie à bonne fin reduicte ,
Fruition du bien puiffions avoir ,
Mys en referve au Divin prefçavoir.

Mieulx que pis.

Lettres envoyées par Maiftre Guillaume Cretin à Molinet.

Lettres allez fans féjourner en place ,
Que ne foyez ès mains de Molinet ;
Et le gardez que defir mol il n'ayt
A m'efcripre , mais vouloir bien ample à ce.

UIS que doulceur n'a obtenu tranf-
mettre
Jufques à moy le feul de tes efcrips ,
Rigueur m'efmeult , par cefte Epiftre
en mettre ,
Te faire veoir deux motz que j'en efcrips
Comme contrainct à grans plaintes & cris
Mal extimer de ton dire le fçavoir ,
Qui defiray pour récompenfe avoir
Soubz ta plume vray reffuge & fecours ;
Ce que n'ay eu , dont je te fais fçavoir

Que ton credit diminuë en ces Cours.

Tu as basty plusieurs ditz élegans,
Plaisans à ceulx qui veullent veoir & lire;
Si qu'en cest art, pour le pris & les gans,
On t'a voulu Maistre & Docteur eslire:
Mais le despit, le fier courroux, & l'ire
Que j'ay au cueur de te veoir si parfaict,
Sans tour d'amy par semblant ou par faict
M'avoir monstré, me font dire & crier,
Se mieulx ne voy de toy pour le parfaict,
Que l'on te doibt en tous lieux descrier.

J'ay entendu tant de Clercz que de Laiz,
Que tu ne tiens de homme qui vive compte,
Pour l'office de President des layz,
Dont à present jouys sans rendre compte;
Il n'est vivant, soit Prince, Duc, ou Conte,
Qui tienne cher comme toy son escript:
Je t'ay pieçà par tant de foys escript,
Me confiant aucunesfoys en estre
Edifié, mais le tout bien descript,
Le premier mot est encores à naistre.

Je ne dis pas ta plume estre subjecte
Debvoir vers moy se tant humilier,
Mais le desir à mon cueur conçeu jecte
La mienne au vent, & en eusse ung millier;
Raison consent par ton sçeu m'y lier,
Pour le tien loz veoir sur terre gardé,
Sy esse à toy assez mal regardé,
Veu le recit ennuyeux qu'on m'a faict,
Gens hazardeurs ont en leur regard dé,
C'est sans propos, mais j'escrips comme affect.

Cheval rethif ne quiert les esperons,
Et qui l'en fiert il se jecte à travers,
En te picquant nous aultres esperons
Gaigner ton cueur, qui nous transmettra vers:
Que peuvent noz corps fors viande estre à vers?

N'eſpargnons donc la chair qui pourrira;
Tel gaudiſt huy, qui demain pou rira :
Par ce moyen puis bien dire, ſi en ce
Retiens ta main, veu qu'elle à pourrir a,
Que trop tu es ingrat de ta ſcience.
　Ton Molinet gaigna le bruyt jadis
Du grain tirer d'entre les fleurs la fine,
Tantoſt y a des ans paſſez jà dix
Qu'on n'en voyt riens, je ne ſçay qui l'affine;
Qui congnoiſtroit la commere ou l'affine
En avoir eu d'ung ſac moulture double,
Ung point ſeroit; mais qui s'y fourre ou double,
Memoire n'eſt que la nouvelle en ſourde :
Celluy ne vault, à vray dire, ung ſeul double,
Qui par fierté faict de l'oreille ſourde.
　Pardonne moy; au fort ſe tu ne veulx,
Ce m'eſt tout ung, car je reſve & topicque,
Du desjuner de viande à nepveux,
N'eſt pas tousjours desjuné qui toſt picque ;
De deux chemins choyſis ou notte ou picque
Prens en mes ditz eſtrif, non, ſy feras ;
Se pour trencher bon acier ou fer as,
Charge l'oſtil, & tes plumes aguiſe,
Du tien Cretin le deſir parferas,
Soit ton eſcript fait à Gand, ou à Guiſe.

Mieulx que pis.

　En eſcripvant, le Palletot de Friſe
M'a tout ſoubdain ſur l'heure commandé,
Que vers vous ſoit très fort recommandé;
Par ainſy fault que pour luy ces œufz friſe.

Responſe aux Lettres de Cretin par Molinet.

Va Lettre ſoir & matin,
Se te fourre au fons du Cretin.

RETIN ſacré & benedictionné de celeſte main , aorné de précieuſes gemmes , tu n'as cauſe de doleance ſi je ne reſpondz à tes pluſieurs requeſtes ; on dit , qui reſpond il paye : tu as maintesfoys appellé Dieu vocallement , en diſant *Pater noſter*, qui ne t'a pas reſpondu. Tu n'es ſeul qui hurtes à mon tugurion pour reſveiller le chien qui dort , mais autres que toy dix ou vingt font le ſemblable pour moy tempter, & goutter ſe rien n'en pourront emporter ; ce que ne t'eſt beſoing de faire, car en toy floriſſent par excellence trois redolentes fleurs , qui en moy periſſent par vielleſſe. L'une eſt Grammaire, qui en moy décline ; Muſicque qui diminuë , & la Rhetoricque dont je ne ſuis de riens trop riche : & me ſemble que après Octovien, qui en noſtre art proſpere doibz obtenir le pris au verger liligere. Aultrefoys ay reçeu les Lettres Epiſtolles d'ung grant Cronicqueur de France nommé Caſtel , qui eſtoit lait ſac quant il eſtoit retourné , mais fort bien duiſant pour porter le grain au molin , je ne demande mande , pennier , caſier , quannebutin , cretin ne hotte pour engrener ma farinotte , ſi ne m'oſe entremettre du rimer qu'il ne face faillir les vignes ; mais Madame Rhetoricque, plus adventureuſe que moy , t'envoye de la rime , & une couple de Canons pour en faire la raiſon : Et adieu , ſans adieu. MOLINET.

CANON.

Doublez le tiers & le huytiesme,
Vous aurez quatriesme & dixiesme.

MOLINET n'est sans bruyt, ne sans nom non,
Il a son son, & comme tu vois, voix,
Son doulx plaid plaist mieulx que ne faict ton ton,
Ton vif art ard plus cler que charbon bon,
Tes trenchans chantz perchent ses parois roidz,
D'entregent gent ont nobles Franchois choiz,
Se ne doibz doigtz doubter en son laict laid,
Car souvent vent vient au Molinet nect.

CANON.

Haulsez les deux piedz de derriere,
Se merde en vient tirez arriere.

CRETIN de jongz, d'osier, ou de festu,
Faiz-tu   ton fol d'ung vert molu molin
Moli   net veult, quant de toille est vestu,
Veulx-tu   combattre ung vieillart abbatu,
Battu   son chef, pour son corps mettre à fin à
Affin   d'avoir bruyt ainsi qu'il a fin,
A fin   meilleur depuis Decembre n'euz,
Breneux   soit-il qui le fait ruyneux.

Replicques aux Lettres de Molinet par Cretin.

Va au Molin sçavoir comme il se porte,
Et ne te fains de hurter à sa porte.

OLINET rondement tournant, habandonnant en dormoison. Se la crainte de ta meulle baille contrepois aux pesantes & intraictables choses; tu, du quel les impulsions bruyent en forme de canons, pourras, s'il te plaist, avoir telle raison du facille Cretin, comme du credit as en la moulture : autrement qui ne peult à ung Molin, hay à l'autre.

Toutesfoys le Cretin desirant se trouver remply des odorentes fleurettes, affin d'estre leger à porter, fort pour souftenir, subtil pour eslire, aifé à contenir, doulx à embrasser, a plustoft voulu serrer sa texture, pour retenir de ta farine le fragment, que le tons de nul autre, & ce baille pour salut.

Se ton clacquet redonde en divers tons, les deux moitons clemens ce dont gloire luy soit en commun attribuée en son son argu. Et si le Cretin se tient à son raucque, sçachant vertu estre aussi bien chantée par le bas ton que du hault bruyant, il n'y a pourtant matiere de redargution canonicque contre luy, qui en sa composition est tout en espaces à jour, plus pour vouloir entendre & concepvoir les deux doulx sons dessusdit, que à mettre dedans soy le meilleur des grains qu'on cuide cheuz à terre, pour moult de fruict apporter.

Or ne fault pas que tu ignores combien on te cherche sur tous aultres en solertie attrayant, pour le souef arrousement de tes porées & doulces influences, de tes orbes donnans serenité aux tempe-

ſtes , union aux diviſions , & repos aux turbes eſ-
meües.

Et ſemble que Tulles par Eloquence, Oroſe par
Hiſtoriographe , & Octovien par melliſluë Retho-
ricque , n'ayent eſté dignes d'arrouſer leurs plumes
en tes ruſſeaulx Pegaſées ; par quoy on ne pourroit
facilement juger ſe le grain du millet amené par ung
Chartier paſſant à Meun , eſt portable en laict ſac ,
ou en Cretin taſſu d'oſiere , pour en la diſtinction
des temps ſervir en retraict à eſclaircir la paſſe du
Molinet à trop peſante moulture , congnuë en la
lecture de ta nompareille Lettre reſponſive , où eſt
monſtré à une fois , ce que à diverſes on eſperoit ,
& dont ton engin eſt d'autant extollable , & auſſi
pour luy congratuler & non eſmouvoir à autre de-
claration. Le Cretin leger, qui n'approche en riens
ta non tangible ſublimité , & qui neantmoins doulcement à ſoubſtenir le hurt de ton artillerie , ſans
ſoy couvrir de manteaulx , taudis , chevrettes à menus pavois & potences , picques , pelles , pinches ,
piedz de chievre , ne aultres inſtrumens ſervans à
la reſiſtance des groſſes pieces, t'envoye la preſente
avec coppie de deux petis batons ſans feu, dont ſeulement eſt appuyé pour deffenſe ; non affin de adoulcir tes Canons , mais en voix baſſe de Cretin , reſ-
pondre à leur tumulte, pour l'adieu , qu'il te gard'.
De Lyon ſe treizieſme d'Aouſt , par

Le tien tout à plain C R E T I N.

M O L I N E T net ne rend ſon canon non ,
Trop de vent vend , & met nos esbas bas ,
Bon credit dit , qui donne au renom nom ,
Mais effors fors tornent en bran ſon ſon ,
Oultrageulx jeulx le font de ſolas las ;
Se Venus nudz nous tient en ſes las las ,
Par Bacchus culz ſçauront du coullart l'art :

En espoiz pois sert-on de vieillart lard.
   Cretin n'entend en combats ou tournois
Tournois gaigner, pour Molin empescher,
Pescher luy duyt trop mieulx par bons endrois,
En drois canons ne cherche fort destrois,
Des trois les deux souffist bien esplucher,
Plus cher pretent eslongner qu'aprocher,
Prou cher aura, se bon grain & ordure
Durement sent Molinet son ordure.

Mieulx que pis.

Fin des Oeuvres de Cretin.

TABLE

Des Pieces Contenuës en ce Volume.

Fin de la Table.

Recueil, ſoit tenuë pour deuément ſignifiée, & qu'aux coꝰ
pies collationnées par l'un de nos amez & feaux Conſeillers
& Secretaires, foy ſoit ajoutée comme à l'original ; Com-
mandons au premier noſtre Huiſſier ou Sergent de faire pour
l'execution d'icelles tous actes requis & neceſſaires, ſans demander autre permiſſion & nonobſtant clameur de Ha-o
Charte Normande & lettres à ce contraires : Car tel eſt noſtre plaiſir. Donné à Paris le dix-huitiéme jour du mois de
Septembre l'an de grace mil ſept cent vingt-deux , & de
noſtre Regne le huitiéme.

DE S. HILAIRE.

*Regiſtré ſur le Regiſtre V. de la Communauté des Li-
braires & Imprimeurs de Paris , page 209. n°. 232.
conformement aux Reglemens, & notamment à l'Arreſt
du Conſeil du 13 Aouſt 1703. A Paris le 28 Septembre 1722. ſigné* BALLARD *Syndic.*

9 782329 496061